U0607811

中国古代著名关卡

徐 潜／主 编

吉林文史出版社

图书在版编目（CIP）数据

中国古代著名关卡／徐潜主编 . —长春：吉林文史
出版社，2013.4（2023.7重印）
ISBN 978-7-5472-1528-9

Ⅰ.①中…　Ⅱ.①徐…　Ⅲ.①关隘-中国-古代-
通俗读物　Ⅳ.①K928.77-49

中国版本图书馆 CIP 数据核字（2013）第 063610 号

中国古代著名关卡

ZHONGGUO GUDAI ZHUMING GUANQIA

主　　编　徐　潜
副主编　张　克　崔博华
责任编辑　张雅婷
装帧设计　映象视觉
出版发行　吉林文史出版社有限责任公司
地　　址　长春市福祉大路 5788 号
印　　刷　三河市燕春印务有限公司
版　　次　2013 年 4 月第 1 版
印　　次　2023 年 7 月第 4 次印刷
开　　本　720mm×1000mm　1/16
印　　张　13
字　　数　250 千
书　　号　ISBN 978-7-5472-1528-9
定　　价　45.00 元

序　言

　　民族的复兴离不开文化的繁荣,文化的繁荣离不开对既有文化传统的继承和普及。这套《中国文化知识文库》就是基于对中国文化传统的继承和普及而策划的。我们想通过这套图书把具有悠久历史和灿烂辉煌的中国文化展示出来,让具有初中以上文化水平的读者能够全面深入地了解中国的历史和文化,为我们今天振兴民族文化,创新当代文明树立自信心和责任感。

　　其实,中国文化与世界其他各民族的文化一样,都是一个庞大而复杂的"综合体",是一种长期积淀的文明结晶。就像手心和手背一样,我们今天想要的和不想要的都交融在一起。我们想通过这套书,把那些文化中的闪光点凸现出来,为今天的社会主义精神文明建设提供有价值的营养。做好对传统文化的扬弃是每一个发展中的民族首先要正视的一个课题,我们希望这套文库能在这方面有所作为。

　　在这套以知识点为话题的图书中,我们力争做到图文并茂,介绍全面,语言通俗,雅俗共赏。让它可读、可赏、可藏、可赠。吉林文史出版社做书的准则是"使人崇高,使人聪明",这也是我们做这套书所遵循的。做得不足之处,也请读者批评指正。

编　者

2012 年 12 月

目　录

一、山海关　　　　　　　　／ 1

二、嘉峪关　　　　　　　　／ 35

三、紫荆关　　　　　　　　／ 69

四、居庸关　　　　　　　　／ 99

五、函谷关　　　　　　　　／ 133

六、潼　关　　　　　　　　／ 169

山 海 关

　　东方传统文化中，山聚仙乃奇，海藏龙而神，关踞险而雄。在中国，唯一一个以山、海、关合并命名的地方就是山海关。而从地理位置来说，它也是别的关卡所无法代替的。它在燕山脚下、渤海之滨的长城上，是举世闻名的万里长城东部起点。长城是华夏儿女用血肉筑成的历史丰碑，作为万里长城的第一步，山海关以它独特的魅力向世人昭示着长城的雄伟。

一、山海关概况

"两京锁钥无双地，万里长城第一关"。山海关是燕山脚下、渤海之滨的长城上镶嵌着的一颗璀璨的明珠，它位于秦皇岛市区东北部十五公里处，始建于明洪武十四年（1381年），是万里长城的最东端，是一座防御体系完整的城关，历史上曾是重要的军事要塞。山海关素有"天下第一关"之称，与万里之外的"天下第一雄关"——嘉峪关遥相呼应，闻名天下，是中国名胜古迹荟萃、风光旖旎、气候宜人的历史文化古城和旅游避暑胜地。

（一）山海关介绍

山海关地处河北省东北隅，辽西走廊的西端，秦皇岛市东北部。东部与辽宁省接壤，北依燕山，南襟渤海，西以万里长城为界，为东北和华北的交通要塞。《临榆县志》载："明洪武十四年，魏国公徐达建关设卫，屯兵五千，去旧榆关六十里，因山海而为关，谓之山海关。"山海关是历史悠久、名胜荟萃、风光旖旎、气候宜人的历史文化古城和避暑旅游胜地。"平沙古堠孤烟色，落日危楼暮角声"衬托了"山海关，关山海"的威势和险固，老龙头昂首甩出的燕脉长城像一组排箫，百代和平的天籁之声一去万里。历经沧桑岁月洗礼的山海关，凝重而神奇。城墙上的每一块砖、每一片瓦都似乎在向人们诉说着无尽的往事。她的历史蜿蜒曲折，每一段岁月都见证着日出日落的沧海桑田，每一

段曾经的辉煌与艰辛都与历史的脉搏共同律动。目前，山海关已获得"国家级历史文化名城""中国旅游胜地40佳""全国文明风景旅游区示范点""首批国家4A级景区""国家级森林公园""国家级地质公园""全国万里边疆文化长廊""全国教育先进区""全国大樱桃之乡"等称号。1961年，万里长城—山海关被中华人民共和国国务院公布为

中国古代著名关卡

第一批全国重点文物保护单位之一。有 1700 年历史的关公的青龙偃月刀，现存放在山海关城楼上，刀锋向东，成为镇关之宝。

（二）山海关地理环境

山海关位于华北与东北的交界处，北倚群峦叠翠的燕山，南襟烟波浩渺的渤海。远古时期这里属幽州碣石，是中原与东北少数民族政治、经济交往的交通要道。到了中古时期，又成为兵家争夺的战略要地。两汉时期，设置临榆县。1381 年，明太祖朱元璋下令在此筑城建关，始称山海关，成为扼东北、华北咽喉要塞的军事重镇。山海关建关设卫以来，商贾往来频繁，经济贸易活跃，对于发展民族之间的友好往来，促进经济文化交流、保卫首都、巩固明王朝的统治起到了重要作用。从规模上、布局上、结构上来说，山海关都是中国古代建筑史上所罕见的，它也是万里长城的精华所在，是中国古代城市建设宝库中不可多得的一部杰作。山海关是中国古代建筑珍品，是祖国宝贵的历史遗存。

（三）气候条件

山海关属温暖半湿润大陆性季风气候，夏季受太平洋负高压影响，且濒临海洋，故温和湿润。冬季受蒙古冷空气高压控制，干燥寒冷。这里冬季较长，春夏秋较短。夏无酷暑，冬无严寒，四季分明，气候宜人，最热七月份平均气温 24.6 摄氏度，最冷月份一月平均气温零下 6.1 摄氏度，全年平均气温 10.1 摄氏度；无台风、无梅雨，年平均降水量 668.1 毫米，全年无霜期在 180 天以上，多年平均日照时数为 2715 小时。全区夏季为西南风，冬季为东北风。本区标准冻土深度为 0.85 米。

（四）交通情况

山海关素称京津门户，是联系我国东北、华北的重要枢纽。京沈高速公路、

102 国道和 205 国道，京山、沈山铁路均在此交汇；山海关火车站是特等站，位于京沈铁路、京沈高速铁路客运专线中段；城西南面有军、民两用机场，可起降大中型客机，可通往上海、广州、哈尔滨、西安等十五个城市，并准备增开国内其他航线和国际航线；西距秦皇岛港十五公里，海陆空交通十分便利。

（五）山海关关卡类型的演变

山海关在明代主要是军事要塞、稽查关卡，而非税关。"关法稽文、验年貌出入，禁辽卒甫逃并商贾非法者"。嘉靖初年镇守太监李能曾在山海关设立抽分，每季抽银九百余两，但很快导致"商贾之行大减于往日"，"货物之价大踊于前时"，嘉靖八年(1529 年)山海关主事邬阅奏请裁革，奉旨："山海关并广宁等处抽分原非旧例，委的商人重困，边民受害都革了。敢有仍前巧为添设，侵夺民利者，各该抚按官指名来说。"

清代，山海关仍为稽查出入人等的关口。特别是乾隆以降清政府禁止关内人口移民东北，只允许商人往来贸易，凡出入山海关者必须持有原籍或贸易地给发的印票，验票放行。另一方面，随着东北地区与关内商品流通的增多，山海关开始成为税关。康熙三十三年(1694 年)"设立山海关，差官管理"，征收关税。最初定额两万五千两，康熙四十六年（1707 年）加增三千二百两，康熙五十四年（1715 年）再增三千两，康熙五十九年（1720 年）又增一千两，到康熙末年（1722 年）关税定额为三万二千二百两。

康熙四十六年起，在辽东半岛沿海的牛庄、熊岳、复州、金州等处海口设立分税口，对海船所载商货征税，统归山海关管辖，税收才开始充裕起来。乾隆以后，随着东北地区的开发和沿海贸易的发展，山海关所辖税口及关税定额不断增加，其较大的变化有三次：

其一，乾隆三十三年(1768 年)在岫岩厅所属鲍家码头、尖山子、沙河子、英纳河、青堆子、大孤山、红旗沟等七处海口设立税局，征收税银。岫岩厅所属这七处海口均位于辽东半岛的东侧，濒临黄海，清初因往来船只较少并未设税。乾隆三十二年（1767 年），兵部侍郎期成额等奏请在鲍家码头等海口设局征税，经盛京将军新柱等核查复议，上奏称："奉天所属各界海口，凡系向来商船聚集之所，无论远近俱归山海关监督管理，设立税局，派人驻征收兼资稽查。"鲍家码头等处海口，"向因商船出入稀少，未经设立税局，今各商船希图便利，往来渐多，且俱带有货物，自应设局征税"。经查，"岫岩城所属鲍家码头、尖山子、沙河子、英纳河、青堆子五处海口"，以及"续经查出岫岩城所属尚有大孤山、红旗沟二处海口均有商船出入停泊，应请一例俱归山海关监督管理，分别设局，凡有往来商船随带货物，照例按则收税"。此项奏报于十月获得批准，户部行文山海关：鲍家码头等七处海口"商船所带货物""一归山海关监督设局收税"；"其余附近各小口或有商船出入货物亦令现设各局一并稽查"。这七处海口自乾隆三十三年春设立税局，试收两年后定额为一千三百零九两一钱四分一厘。

其二，乾隆三十八年(1773 年)开征黄豆豆饼税银，同时放开对大豆输出的数量限制。大豆，是南方各省从北方输入的大宗商品之一。清初政府对东北地区粮食和大豆的输出控制得很严，江浙等省所需大豆主要从山东输入。乾隆以降随着东北地区的开发，大豆产量增加，违禁输出已成为经常之事。乾隆十四年（1749 年）经盛京将军阿兰泰奏准：凡商船来奉天贸易，返回之时"大船准带黄豆二百石，小船准带一百石；倘有额外多带，分别治罪"。乾隆三十年（1765 年）山海关监督金简奏请放开对奉天黄豆输出的数量限制，准许各处所到海船"任其装载豆石，一律输税"。这一建议在交户部复议时遭到盛京将军社图肯等人的反对，他们认为奉天所产豆石与"旗民食用攸关"，如果放开限制，听任商贩搬运，恐"各处海船纷纷买运，粮价势必渐昂"。结果，仍维持乾隆十四年阿兰泰奏定之旧例：大船准带黄豆二百石，小船准带一百石。开征豆税一事暂时被搁置起来。乾隆三十七年（1772 年）开征豆税一事再度提上议事日程，并最终获得了批准。这次是由盛京将军恒禄提出的建议："海船到奉，任商贩运，毋庸限以成数，照芝麻等例一体输税。"户部复议："酌照临清关豆料科则，每石征收税银一分一厘。"并拟定试收两年再定税额。经乾隆三十八（1773 年）、三十九（1774 年）两年试收，共征收税银一万八千九百一十六两，

山海关

每年九千余两。不过，新任盛京将军弘晌等人担心奉省黄豆价格原本较低，每石征税又仅只一分一厘，"将来各省商船自必广为贩运，旗民人等又因易于售卖，致将膏腴地亩多种黄豆"，将会影响粟、麦等粮食作物的种植，遂决定提高税率，"于原定科则一分一厘之外，增银一分一厘，每石征收税银二分二厘"。《山海关商税则例》记载了这一变化过程："黄豆、豆饼二项，该关向不征税。乾隆三十七年据盛京将军恒禄、该关监督平泰先后奏咨，经户部奏准，酌照临清关例黄豆每石、豆饼每一百五十斤各收税一分一厘。续于四十年将军弘晌等奏准，改为二分二厘。"于是，从乾隆四十年（1775年）开始每石征银二分二厘，试收三年"以定税额"。在试收的三年中所征税银"逐年递增"，到三年期满又延长试收期，实际上共试收了五年：乾隆四十年征收黄豆、豆饼税银一万八千八百二十五两，四十一年征银二万三千零五十二两，四十二年征银二万六千八百八十一两，四十三年征银二万七千零二十九两，最后一年从乾隆四十四年（1779年）正月二十八日起至四十五年正月二十七日止，共征收黄豆、豆饼税银二万八千一百三十三两二钱三分八厘，最终将这一数额定为山海关黄豆、豆饼税的正额。

其三，嘉庆四年(1799年)定山海关盈余银为每年四万九千四百八十七两。各关盈余清初本无定额，乾隆初年（1736年）定制以雍正十三年（1735年）之盈余数为定额。其后，随着商品流通规模的扩大，各关盈余银两远远超过雍正十三年的数额。乾隆中叶，清王朝更定各关监督考成方法，将本届征收税银与前三届数额相比较，如有不符，责成经征人员赔补。到乾隆末年，由于全国经济布局和流通布局的变化，各关税收增减变化较大。沿江、沿海各关税额多有较大增长，而运河沿线的部分税关则出现连年征不足额的现象。因而，清政府于嘉庆四年（1799年）对各关定额进行了调整，按照实际征收的多寡，重新确定各关盈余银的定额。

二、悠久历史

山海关始建于明洪武十四年（1381年），历经洪武、成化、嘉靖、万历、天启、崇祯六朝修筑，耗用了大量的资金，调动了数以万计的军民，前后用了263年的时间，占地约230公顷。

山海关历史悠久，是古代军事要塞，早在新石器时期，我们的祖先就已经在这里劳动生息了。山海关北靠燕山，南临渤海，扼守华北与东北之间狭长的陆路交通要道，地势险要，自古以来就是兵家必争之地。商朝时，属孤竹；周朝时，属燕地；秦、汉时，属辽西郡。北齐和隋唐时都在这一带修建过城关，今日在抚宁石门寨，仍可看见北齐长城遗址。隋文帝时，设置榆关，元朝时称迁民镇。

山海关古称榆关，也作渝关，又名临闾关，明朝洪武十四年（1381年），中山王徐达奉命修永平、界岭等关，在此创建山海关，因其北倚燕山，南连渤海，故得名山海关。

据史料记载，山海关自1381年建关设卫，至今已有六百多年的历史，自古即为我国的军事重镇。

山海关是万里长城东头的一座雄关。它南边靠着海，北边挨着山，南北十六里，海、山、关，膀挨膀，肩靠肩。关城有两翼，南翼城、北翼城；还有东罗城、西罗城、宁海城、威远城。城上有牧营、临闾、奎光、澄海等敌楼，还有许多箭楼。古人说它"好像金凤展翅，恰似虎踞龙盘"。

清朝时，山海关为临榆县城，因位于北京与盛京（沈阳）之间，而有"两京锁钥"之称。清末和民国时期，关城周围又成为战场，八国联军侵略战争和九一八事变后的长城抗战都在这里率先爆发。山海关在中国历史上具有重要的影响，"关内""关外""闯关东""关东军"等称谓，均针对山海关而言。

山
海
关

三、关内特色

（一）建筑规格

山海关是名冠古今的名胜之地，它以长城为主体，以古城为核心，在南起老龙头、北止九门口，全长二十六公里的长城线上，分布有一百二十九座城堡、关隘、敌台、城台、烽火台和墩台，构成了一个完整的长城防御体系。

山海关的城防建筑充分利用自然空间，使建筑群体布局与环境取得和谐统一，形成了一个有机的风景综合体。山海关的古城布局充分注意了它的军事防御功能，独特的七城连环局势独树一帜。碧波浩瀚的大海，幽深静谧的角山、长寿山，秀美多姿的燕塞湖，组成了古城重塞恢廓无垠的背景和依托；湖光山色、海涛雄关，构成了山海关名城特有的城市景观和旅游胜地的独特风貌。山海关的整体布局是由七座城堡、十大关隘和长城上的三十座敌楼、六十二座城台、十八座烽火台、十六座墩台等组成的古代城防建筑群。结构严谨、功能齐全，构成"主体两翼，左辅右弼，二城为哨，一线逶迤，互为掎角之势"的格局，是中国建筑史上罕见的奇作，是我国古代军事科学的结晶，具有重要的军事科学、筑城技术研究的价值。特别是呈大鹏展翅的古城，占地 1.5 平方公里，建筑雄伟粗犷，气势磅礴，是万里长城最精粹的地段。关城平面呈方形，周长四公里，高十四米，厚七米。有城门四座，东门最为壮观，名镇东，内悬"天下第一关"匾额，西门名迎恩，南门名望洋，北门名威远，各门上都筑城楼，城中心建钟鼓楼，城外有护城河。在东西城门之外，还各建一个小城圈，俗称罗城或瓮城。

关城东门的城台，呈长方形，高十二米，南北连接长城。中部有巨大的砖砌拱门，沟通关城内外，有关门可以开闭。城台上建有一座二层箭楼，四周飞檐上，饰以神态各异的神兽。重檐九脊布瓦顶，高十三米，宽二十米，深十一米。东、南、北三面

中国古代著名关卡

开箭窗六十八个，平时以木制朱红窗板掩盖，板上有白环，中有黑色靶心，与彩绘桁枋相配合。登上城台远眺，北望长城蜿蜒山间，南眺渤海波涛浩渺，正如古诗所说："曾闲山海古榆关，今日行经眼界宽。万顷洪涛观不尽，千寻绝壁渡应难。"它南北有翼城，东西有罗城。古城与长城交界处顶宽十五米，可"十人同行，五马并骑"。城墙土筑砖包，城四面都设有城门、城楼。作为城防体系核心的古城，城中建筑布局利用西北低、东北高的地形，突出了主体建筑"天下第一关"城楼。

山海关的城池，周长约四公里，是一座小城，整个城池与长城相连，以城为关。城高十四米，厚七米。全城有四座主要城门，并有多种古代的防御建筑，是一座防御体系比较完整的城关，有"天下第一关"之称。以威武雄壮的"天下第一关"箭楼为主体，辅以靖边楼、临闾楼、牧营楼、威远堂、瓮城、东罗城、长城博物馆等长城建筑，向游客展示了中国古代城防建筑风格。关城平面呈方形，内用夯土填筑，外用青砖包砌。东墙的南北两侧与长城相连，墙上有奎光阁、牧营楼、威远堂、临闾楼等建筑。东、南、北三面墙外挖掘了深八米、宽十七米的护城河并架设吊桥。城中心筑有钟鼓楼。

山海关的四面均开辟城门，东、西、南、北分别称"镇东门""迎恩门""望洋门"和"威远门"。四门上原先都筑有高大的城楼，但目前仅存镇东门楼。东门面向关外，最为重要，由外至内设有卫城、罗城、瓮城和城门四道防护。城门为巨大的砖砌拱门，位于长方形城台的中部。在东面屋檐下还高悬一块巨大匾额，上书"天下第一关"五个大字，为明代进士萧显书写，每字高 1.6 米，字体苍劲浑厚，是山海关城的象征。

山海关是一座文化古城，明代城墙建筑基本完好，主要街道和小巷大都保留原样，特别是保存的一批四合院民居使得古城更加典雅古朴。最为古城增色的是关城东门，天下第一关城楼，耸立长城之上，雄视四野。登上城楼二楼，可俯视山海关城全貌及关外的原野。北望遥见角山长城的雄姿，南边的大海也朦胧可见。天下第一关城楼南北，还有靖边楼、牧营楼和临闾楼等建筑。漫步在万里长城之上，会使人感受到祖先的伟大，钦佩炎黄子孙的非凡智慧。

(二) 文化内涵

1. "天下第一关"的由来

山海关是历史悠久的文化古城，是世界文化遗产——中国万里长城的形象代表之一。

"天下第一关"匾额，长五米多，高 1.5 米，为明代著名书法家萧显所书，字为楷书，笔力苍劲浑厚，与城楼风格浑然一体，堪称古今巨作。相传"下"字的那一点不是一起写上去的，而是书者将蘸满墨汁的笔抛向空中点上去的。而关于这个"天下第一关"的匾额还有一个动人的传说。相传，五百多年前，明成化皇帝亲自降旨，要在山海关城楼上挂一块题为"天下第一关"的大匾。当时镇守山海关的是一位兵部主事，他接到圣旨后，立即派人爬上箭楼，量好尺寸，请木匠做了一块长一丈八尺、宽五尺的巨匾。匾做好了，找谁来写呢?兵部主事和部下商量了一天一夜，终于想起一个人来。这人姓萧名显，两榜进士出身，当过福建按察司佥事，书法好，近年因年老辞官，归家山海关赋闲。

第二天，兵部主事亲自到萧家拜访，说明来意。萧显沉吟了半晌，才点头答应。不过他提出，写这种字，不能急，不能催，兵部主事只好答应下来。

转眼二十多天过去了，仍没有消息。兵部主事让手下人预备好了几匹绫罗绸缎、几枝大型湖笔，派一名亲信给萧显送去。时间不长，送礼人回来了，禀报说："萧老先生在偏院里练功，每天起早贪黑地在院里耍一根长扁担。"兵部主事不解，这耍扁担跟写字有何关系，不管他，已经等了这么多天了，那就再等等吧。

又过了二十多天，还是没动静。兵部主事又让手下人准备了一些上好的徽墨、宣纸，派亲信带着东西又去了萧家，送礼人回来禀报说："萧老先生正在屋子里吟诗，背诵着什么'飞流直下三千尺'呀，什么'疑是银河落九天'呀……什么'来如雷霆收

震怒'啊，'罢如江海凝青光'呀……"兵部主事问道："他见到礼物后怎么说？"亲信回答说："他说再过一个月就可以写了。"

兵部主事对这话不太理解，但总算有了一个期限，那就继续等着吧。兵部主事万没想到，第二天他接到兵部一封急信，说是新任蓟辽总督代皇帝要来山海关视察挂匾事宜，预计三天内到达。这下可把兵部主事急坏了，立马让人抬着那块木匾和一坛子墨汁赶往萧家。

到了萧家，寒暄之后，就把兵部传来的急信之事向萧显述说了一遍，萧显也是官场上下来的人，自不怠慢，立即行动起来。只见他提着笔在匾前来回走着，一边走，一边端详，一会儿点头，一会儿大笑，忽然，他停下身子，凝神屏气，开始动笔了。只见他落笔如高山坠石，起笔如飞燕掠食，有快、有慢、又稳，又准，笔随身行，不一会儿，"天下第一关"五个大字写好了。你再看萧显，浑身是汗，满脸通红。兵部主事忙拱手道谢。萧显说："本来想用一个月的时间阅读古诗，陶冶情性，可惜呀，时间太急了。"兵部主事连忙说："这已经很好了，已经很好了。"

山海关

第二天上午，兵部主事一面命人把大匾挂在箭楼上，一面在箭楼下的悦心斋酒楼宴请萧显。酒过三巡，宾主凭栏仰望，萧显这才发现"下"字少了一点。此时，把总禀报蓟辽总督已过石河，回府取笔登楼补写已来不及了，该怎么办呢？萧显急中生智，命书童马上研墨，随手抓过堂倌手中的一块擦桌布，握成一团，饱蘸墨汁，用尽平生之力，朝箭楼上的匾额甩去。只听"叭"的一声，墨布正好落在了"下"字右下角，补上了那一"点"。众人齐声贺彩，同声赞道："萧公神来之笔，神来之笔！"

萧显书写的这块匾，现收藏在山海关城楼内。城楼上悬挂的是后来的仿制品。

2. 承载关城历史的古街

四条古街为城内主要干道，南北方向长，东西方向短，鸟瞰呈矩形，至今，四条古街仍保持明清时期的方格网状街巷布局。

作为重要的通商关口，东西南北大街曾是沟通东西、盛极一时的商业汇集地，据史料记载，清代盛世时王朝税收的四分之一来自山海关。跟东、西、南大街的繁华热闹相比，北街相对萧条些。

历史上，四条古街上曾有过很多老字号，这些老字号大多秉承"诚信经营、货真价实、和气生财"的经商之道，为繁荣古城经济做出了贡献。

南大街过去以钱、粮、当号为主，还有金店、绸布庄。比如，过去有一个最大的商号永茂居杂货店，独揽全城杂货生意，是晚清民国开张、三家合股经营的，一个是老郑家，就是六条的郑大林、郑大和，这些人的后人都还在，还有老王家、老谷家等。

过去杂货分为上杂货与下杂货，永茂居经营的属于上杂货，包括棉布、百货、绸缎、干鲜果品、海鲜等；下杂货包括农村用的绳子、套包、筛子、筐、扁担等。

另外就是金店，比如一进南门有一个华茂昌，现在城外的久华金店就是取了它的一个字。华茂昌金店是老白家开的，它的结构是前店后作，前边开店后面是作坊。过去订做金银首饰由匠人制作，不像现在都是自动化，过去吹活儿的都是嘴吹。金店的土一年换一次，过去有人专门买这种土，它能淘出金末来，就是金砂。华茂昌的首饰在民国时的河北一带是免检的，成色都是四个九的，老字号、有信誉，里面要打上它的印章，如同现在的商标。华茂昌出售金条、小元宝、戒指、麒麟锁等金银制品，还可以订做金银碗筷等器物。

而在南大街那座前身为绸布庄的西式建筑前，"本店自运苏杭绸缎"等几行招牌文字依旧清晰，廊檐上绿白相间的雕花装饰和底部铜钱造型，彰显中西合璧工艺之妙，岁月更迭，依然保存较为完好。

举目北望，新近修建的钟鼓楼就在眼前，它造型古朴，巍峨高耸，"吉星高照"四个大字极富古韵。在古代，这里不但是古城的防御体系之一，也是古城百姓祈祷吉祥的场所。

古城山海关的魅力之一就是至今关城内还保存着一百多处明清时代的四合院，虽然大门外的"下马石"

"石鼓"已风化残损，老榆木大门上的漆已经快脱落没了，甚至房顶上也长出了蒿草，但这些丝毫没有减弱山海关几百年积淀下来的韵味。这些古色古香的四合院多集中在东三条至东六条一带，布局特点是围绕院子四边布置堂屋、住房、厨房等，

门窗皆朝向院子，对外不开窗，正房坐北朝南，其他为厢房，并设有耳房、月亮门、门洞子、垂花门等。

古城布满了战争的创伤，如明代晚期的明吴三桂部队、李自成农民军、清多尔衮部队几股军事势力在此聚集，数次交锋，1900年八国联军入侵，两次直奉军阀混战等等，战火纷飞，生灵涂炭，四条古街的建筑也屡遭劫难。然而令人感到欣慰的是，山海关古城保护开发工程将四条古街的重修提到了议事日程，钟鼓楼、望洋楼、迎恩楼等相继修复，古城再闻晨钟暮鼓，明清古风日渐显现。

3. 古街名人

在关城西大街北侧，有一座尖顶拱门、气派十足的西式小楼，在古城保护开发的规划中，它将作为主体兴建成"东北军俱乐部"旅游项目。

很多老山海关人都知道，事实上，这座洋楼最早叫做"田中玉公馆"，它的主人就是北洋政府时代大名鼎鼎的山东督军兼省长田中玉。这位从山海关小高建庄走出去的军阀在山东做官时，因"重聚敛、首鼠两端"，终被卷入政治旋涡被迫引咎辞职。然而，田中玉在家乡投资办教育的义举，至今让家乡人感恩戴德。

年少时求学的艰辛和读书的重要，给田氏一家人的思想打上了深深的烙印。遵从祖母和母亲的意愿，从1919年开始，田中玉出巨资筹建河北省田氏私立中学校。1921年秋天，田氏中学正式开学。学校就坐落在"天下第一关"西北脚下，校名是黎元洪亲笔手书，校园东北两方以关城城墙为界，占地面积足有四万余平方米。学校重金邀请京津等地名师任教，理化实验室、图书馆、阶梯教室等各种教学设施一应俱全，这在当时的冀东地区是首屈一指的。田氏中学面向庶民大众招生，一律是免费就读。许多老校友回忆，那时每学期开学，学生只需交纳两块大洋的预偿费，到期末，只要没损坏过公物，就可以到校务处领回两块大洋，高高兴兴地度过假期。继创办田氏中学后，田中玉又陆续捐资建

立田氏中学预备班、田氏私立中学初级女子中学部和田氏私立初级小学八所，极大地推进了山海关近代教育事业的起步和发展。

1935年，66岁的田中玉带着晚年仕途一蹶不振的抑郁，病逝于大连，他的政治生涯虽然毁誉参半，但留给家乡的宝贵教育遗产却光耀子孙，恩泽百世。

在民间，四条古街上的名人轶事不胜枚举。之前我们提到萧显写匾的故事。萧显是明山海卫人，成化八年(1472年)中进士，做过京官，退休后经常到东街茶馆喝茶，传说在那里写下"天下第一关"的匾。可为什么这块匾上没有落款呢，是因为萧显写好这块匾后，一把无名大火将匾烧毁。烧后怎样复制呢？话说东街一家饭馆里有一个不识字的刷锅人，传说他刷锅时经常远远看着这块匾，就这样边刷边看过了二十年，那块匾的字迹早已烂熟于心。匾烧毁后县衙开始悬赏写匾，好多文人、进士报名，可都无法复制，这时候刷锅人来报名了，县太爷一听说他不识字，当即大怒，但经堂上人劝阻后，决定让他试后再定罪不迟。刷锅人拿出炊具刷子，瞬间竟写出了"天下第一关"几个大字，简直与萧显的原字不差分毫。待他将原委道来，众人赞叹不已，这样这块匾就"复活"了，自然如此复制成的匾便没有落款了。究竟这块"天下第一关"的匾出自谁手？有关专家对此还有些争议，不过，这样并不影响它的完美与举世无双。

还有坐落在南大街的绸布庄的传说。它是老王家的买卖，是王三佛爷开的。王三佛爷是山东人，腊月里带着老婆孩子，推着小车大半夜逃荒到关里，往哪儿住呢？去旅店没有钱，蹲街上得冻死人。怎么办？天下穷人心连心，以前三条小菜园子有一座小房子空了很多年没人住，大家就帮忙收拾了，说："不嫌弃就住下吧，弄点剩饭菜、架一口锅凑合口吃的。"话说两口子晚上做了一个

梦，梦到三个金人对他们说："主人你终于来了，这点柴火替你看了多少年了，这回可是完璧归赵了。"两口子一觉醒来，互诉所梦竟然是一样的情景，甚觉蹊跷，于是找来两把小镐在小房子里挖掘，一下子竟挖出三缸金子。自那以后他们就发财了，用这些金元宝买来材料盖了一所厅堂瓦舍的院落，就是现在的"王家大院"(现在是一座民俗博物馆)，到晚清民国年间又盖了一座店

中国古代著名关卡

铺——绸布庄，取字号"万货全"，后更名为百货公司。这个王三佛心肠好，发财后修桥、补路、修庙，乐善好施，大伙儿称之"王三佛爷"。后来他花钱捐了一个官，是盐运使的肥缺。

4. 关内民风民俗

（1）民间花会：

这种活动一般在过年的时候和庙会期间举行，内容包括舞狮子、扭秧歌、跑驴、挂花灯、霸王鞭、走旱船、放焰火等节目，充满着浓郁的喜庆气氛。每到这个时候，男女老少都会聚到大街上观看并参与各种庆祝活动，欢声笑语不绝于耳。据说，河北地区的民间花会活动至少已经有上千年的历史。

（2）万全社火：

每年的春节和元宵节，河北万全县会举行大型的民间艺术活动，这种活动被称为万全社火。其内容包括走场子、定桩子、跑八字、九龙混水、跑海鱼儿、打鼓子、打拳等活动，这些表演一般在街头进行，群众则在旁边围观，十分热闹。游客来此不但可以欣赏到精彩的节目，亦可体验到淳朴的民风。

（3）山海关年俗

一年之计在于春，古时山海关人对于"春"有着自己独特的庆迎方式。

先是"演春"。立春前一天，地方官绅在东罗城组织游春队伍，抬来一头泥塑的春牛，几乎所有能闹腾起来的节目都悉数登场：跑驴、秧歌、耍龙灯、跑旱船……

接着是"迎春"。立春这天一大早，县官率吏民出东门（即天下第一关），将游春的队伍迎进城，鼓乐交作，送泥塑的春牛至县衙门口。城中老少都出门观看，家有婴儿的家长，就缝个小布袋盛豆子，挂在春牛角上，希望可以避免小孩生天花。

然后是"打春"。第二天清晨，县衙的"三班六役"在锣鼓声中鞭打春牛，直到打得粉碎为止，百姓纷纷争抢泥皮，煞是热闹。

最后是"送春"。捡到的泥皮有的送给种地的农民，洒到地里，祝愿他们获得丰收；有的泥皮拿回家里，用水稀释，抹在墙上，据说可以不生臭虫；也有人另塑小芒神、小土牛，分别送给官绅。

古城人对于春节最为重视，虽然只有一天，但人们习惯上把这一节日拉长为十多天。民谚云：大年二十一，送闺女；大年二十二，送宝贝；大年二十三，祭灶君；大年二十四，写大字；大年二十五，扫房土；大年二十六，砍年肉；大年二十七，杀年鸡；大年二十八，贴春花；大年二十九，糊香斗；年三十，耗油儿；正月初一，磕头"拜年"。正月初五称"破五"，惯例包饺子，含义为"捏合"。

老山海关人过年有一"专项"，每年从腊八起，古城西街就搭起了"画棚"，卖年货年画的、卖小吃的、拉洋片的、演木偶戏的，有声有色，红红火火。风筝、泥人、糖人、花脸、刀枪剑戟，让人看花了眼。

除夕夜是过年的高潮，全家人团坐在一起吃年夜饭，守岁。大户人家有从饭馆叫一桌菜的，普通人家包些白菜肉馅的饺子就高高兴兴地过年了。俗语说：一夜连双岁，五更分二年。五更时，男女老少换上新衣，出门放鞭炮，称"接财神"，进家后，晚辈给长辈拜年，大人给小孩"压岁钱"。

大年初一开始拜年。早年山海关卖点心最出名的是城内鼓楼南大街的同德盛和域德源，聚会站、聚会馆等杂货铺也卖点心。当时，拜年提上一袋或是一匣子同德盛的"大八件"和"小八件"，再拎上一个水果蒲包，是最讲究的了。条件好点的人家会留拜年的客人吃饭，买来吴瘸子酱肉铺的"骑马肠"、广香斋的肘花、孟和尚的熏鸡，再切点松花蛋，拌点海蜇，这一餐一定是宾主尽欢。

古城山海关的妇女们还有初二开始赛太平鼓的习俗，几个人找个宽敞的地方，敲着鼓，踩着点儿，欢快的游戏最应年景。

正月初八、十八、二十八，等到夜里星星出全的时候，关城人成群结队上鼓楼走一圈，叫做"顺星"，据说在这严冬的星夜下走一走，能保佑一年都顺顺利利的。

正月十五上元节，街市上做买卖的店家纷纷挂出彩灯，一家比一家赛着精致。踩高跷的、扭秧歌的、耍龙灯的，大街上随处可见，生意兴旺的店铺还燃放烟花来助兴。全城举家出动游玩儿，边走边摸摸身边的树木石头，希望它们将疾病带走，俗称"走百病"。正月十七是灯节的最后一天，家家吃面，妇女们结伴过桥，叫"度百厄"。

"填仓，填仓，京米干饭熬鱼汤。"唱着这个歌谣，就到了正月二十五填仓节，人们将黄米饭或粘饽饽粘贴在缸瓮囤柜上，象征贮满粮食，预祝丰收。

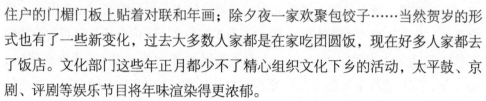

今日的山海关百姓仍然保留着不少传统的年俗，在古老的城墙下扭着红火的秧歌；住户的门楣门板上贴着对联和年画；除夕夜一家欢聚包饺子……当然贺岁的形式也有了一些新变化，过去大多数人家都是在家吃团圆饭，现在好多人家都去了饭店。文化部门这些年正月都少不了精心组织文化下乡的活动，太平鼓、京剧、评剧等娱乐节目将年味渲染得更浓郁。

（4）山海关"樱桃节"

山海关区北依燕山，南临渤海，土壤微酸，夏无酷暑，冬无严寒，极适合大樱桃生长发育。近年来山海关区根据当地独特的地理位置、土壤结构及气候条件，大力推广大樱桃种植技术，把大樱桃作为发展高效农业的突破口，采取政策引导、强化服务、典型带动、基地示范、开拓市场和打造品牌等措施，大樱桃迅速在山海关区形成了规模种植，成为山海关区农业的支柱产业和特色产业。目前，山海关区大樱桃种植面积已达到二万二千亩，结果面积九千多亩，年产量八千多吨。

勤劳好客的山海关人把长城脚下漫山遍野的大樱桃树作为生态旅游、生态富民工程的主体，陆续开发建设了大樱桃百亩观光园、万亩大樱桃示范基地、大樱桃专业批发市场及望峪山庄等项目。现已先后连续成功举办了两届大樱桃节暨乡村旅游节，极具地方特色的"走进樱桃园，享受大自然"和"吃农家宴、住农家院、看农家戏、体农家情"活动。在这里游客还可以亲身体验点篝火、跳舞、扭秧歌等一系列极具特色的农家民俗生活。

四、关内主要景点

山海关是国内外著名的旅游区，山海关长城汇聚了中国古长城之精华。明万里长城的东部起点老龙头，长城与大海交汇，碧海金沙，天开海岳，气势磅礴，驰名中外的"天下第一关"雄关高耸，素有"京师屏翰、辽左咽喉"之称；角山长城蜿蜒，烽台险峻，风景如画，这里"榆关八景"中的"山寺雨晴，瑞莲捧日"及奇妙的"栖贤佛光"，吸引了众多的游客。区内有开发和观赏价值的名胜古迹达九十多处。2000年，山海关景区被评为第一批4A级旅游景区；2001年，国务院将秦皇岛市山海关区正式列为国家历史文化名城山海关旅游景区，以长城为主线，形成了"老龙头""孟姜女庙""角山""天下第一关""长寿山""燕塞湖"六大风景区，全部对中外游客开放，是国内外著名的旅游区。孟姜女庙，演绎着中国民间传说——孟姜女寻夫的动人故事。中国北方最大的天然花岗岩石洞——悬阳洞，奇窟异石，泉水潺潺，宛如世外桃源。塞外明珠燕塞湖，美不胜收。

走下"天下第一关"城楼，可到长城博物馆参观，那里将向您展示万里长城的悠久历史以及令人惊叹的实物展品。在古城内，品尝地方风味小吃，会使人游兴大增，并领略到山海关的风土人情。首先来说说最有名的"老龙头"。

（一）老龙头

老龙头景区位于山海关城南五公里处的渤海之滨，由宁海城、入海石城、澄海楼、南海口关、龙武营、海神庙等组成。万里长城像一条巨龙，横亘在华夏大地上，东端在山海关城南四公里处直插入海，犹如龙头高昂，老龙头长城是明代万里长城唯一的一段海中长城。它建于明万历年间，由戚继光修筑。它选址科学、建筑独特，

中国古代著名关卡

被称为"人类历史上的千古奇观"。历经数百年的沧桑岁月，这座昔日海陆军要塞，以其壮丽的风光、独特的历史地位，吸引了历代文人墨客和帝王将相来此观海览胜，留下了众多诗篇佳话，成为举世闻名的风景胜地。

老龙头是明长城的东起点，之所以把这里称为"老龙头"是因为人们把万里长城比作一条巨龙，这条龙走过大漠、攀贺兰、越太行，自燕山而下，向渤海飞驰，在辽西走廊上挽了个结，竖起了山海雄关，随之引颈入海，这入海的部分便是老龙头了。老龙头是万里长城的重要组成部分，它与城北的角山长城，城东的威远城构成掎角之势，拱卫着山海关城。从明初洪武年间到明末崇祯年间的二百六十余年中，老龙头不断修建，逐步完善。直至清代长城内外成为一统，老龙头从此失去了军事防御的作用，成为帝王将相、文人墨客观光览胜的佳境。自清朝开国后，康熙、雍正、乾隆、嘉庆、道光都多次到过老龙头，其中乾隆皇帝四次来此登楼观海，留下了大量诗文墨宝。老龙头上的"天开海岳"碑，据传为唐代遗碑，这四个字道出了"放眼天际，苍茫一碧，天造地设"的绝妙景观之神韵。老龙头是"中国旅游胜地 40 佳"之一，国家 4A 级景区。登上老龙头，面对波涛汹涌、云水苍茫的大海，您可以尽览"长城万里跨龙头，纵目凭高更上楼。大风吹日云奔合，巨浪排空雪怒浮"的壮观美景，产生无穷的遐想。

而关于老龙头，还有一个历史悠久的传说。

长江有源头，黄河有起点，明代万里长城的头，就在山海关的南海上，名叫"老龙头"。相传，过去在老龙头脚下，扣着无数的大铁锅，一个挨着一个。

老龙头是蓟镇总兵戚继光奉旨修筑的。它入海七丈，造起来实在太难了。一万五千军工，单等海水落潮，才能抢上去修一回。可是大海无情，三天一涨潮，五天一落潮，城墙修不上尺把高，潮水一冲，砖头石块，七零八落，修一次，垮一回，不知修了多少天，只弄得无数生命葬身海底，戚大人也一筹莫展了。

明王朝忠良少，奸臣多，万历皇上是个十足的昏君，奸党议论胡说戚继光修三十二关，设三千敌台，铸五千斤一尊的铁炮，是劳民伤财。皇上听信奸党

谗言，派太监作钦差到蓟镇监军。这位公公来到蓟州，才知道戚继光在山海关南海上正修"老龙头"，立刻马不停蹄，直奔山海关。

全城的乡绅耆老拜见钦差大人说："敌兵常从海上越境，老龙头千万不能半途而废。"钦差大人说："圣旨期限三天，金口玉言，谁也改不了。"

戚继光怒气难消，知道限期三天是假，想借口定罪是真。个人如何都无所谓，可这一千三百座敌台，就差老龙头一桩心事未了。想想国家安危，百姓的生命财产……戚大人心中闷闷不乐。忽然门帘一挑，一个老汉进了屋。这打鱼老汉是跟随戚大人的一名火头军。只见老汉把秫米饭、咸带鱼摆上八仙桌，说了声："大人不必烦恼，待用完饭后，我再回禀，或许对修老龙头有用处。"

第二天，全军得令，在退了潮的大海滩上搭锅造饭。只见十里海滩，炊烟四起，火光一片。一顿饭工夫，忽然丈高巨浪，铺天覆地涌上岸来，众军士一看，丢锅弃碗，逃得无影无踪。

过了三天三夜，大潮过去了，海上恢复了平静。戚大人察看城基，竟依然立在原地，心中甚觉奇怪。这时，老汉走过来，指着周围沙滩上一个挨一个的圆东西，让戚大人看，原来是铁锅扣在沙滩上。老汉说："这锅扣在沙滩上，任凭风吹浪打，不移不动！"

老龙头工程按期完成，但戚继光仍被朝廷明升暗降，被调往广东去了。

（二）孟姜女庙

孟姜女庙，又名贞女祠。孟姜女庙远离茫茫大海，遥对崇山峻岭，四周空旷，使这仅海拔数十米的庙堂显得突起高耸。

孟姜女庙是我国四大民间传说之一的"孟姜女哭长城"的产物。庙内除供有孟姜女塑像外，还供有观音、文殊、普贤三大菩萨像。

庙正殿后有一巨石突起，石上有几个似脚印模样的石窝窝，传说是孟姜女寻夫至此，登上此石忘夫留迹，石上刻有"望夫石"三字。石旁刻有乾隆皇帝的御笔题诗一首。此外，还有振衣亭、梳妆台等。

庙内有一些古人留下的歌颂孟姜女的笔迹，其中乾隆、嘉庆、道光等御笔，刻石镶于墙上。

孟姜女庙景区坐落于山海关以东 6.5 公里的凤凰山上，由贞女祠和孟姜女苑组成。贞女祠始建于宋代以前，明万历二十二年（1594 年）主事张栋重修，为河北省重点文物保护单位。庙前有一百零八级台阶直通山门，庙上红色围墙内有前后两殿及钟楼、振衣亭、望夫石等景观。庙后建有江南水乡风格的园林观赏区——孟姜女苑。誉为"天下第一奇联"的"海水朝朝朝朝朝朝朝朝落，浮云长长长长长长长消"，表面看虽是文字游戏，却包含着人生哲理，让后人产生无限遐想，从中可见中国文化的深厚底蕴和内涵。

站在孟姜女庙的山峰上，遥望东南海面，有两块礁石并立，传说是孟姜女坟。

由于"孟姜女哭长城"的故事流传广泛，深入人心，其遭遇令人同情，所以孟姜女庙便成为到秦皇岛来的游客必然光顾之处。真是"秦皇安在哉，万里长城筑怨；姜女未亡也，千秋片石铭贞"。

（三）长城博物馆

山海关长城博物馆，位于山海关城内，天下第一关脚下，为一处精致的仿古建筑群。全馆分设序厅、长城历史厅、长城军事厅、长城文化厅、山海关长城厅等六个展厅。山海关长城博物馆自 1991 年 7 月正式对外开放，是我国三大长城博物馆之一。如果说长城是一部融中国古代政治、军事、经济、文化、建筑于一体的百科全书，那么山海关长城博物馆正是荟萃"上下五千年，纵横十万里"长城精华的一颗明珠、一部画卷。

（四）森林公园

森林公园坐落在距山海关城北五公里的燕山脚下，是在原国家森林公园的基础上，由秦皇岛旅游开发有限公司进行开发建设，2005 年被评为全国十一个旅游开发建设的先进景区。公园占地面积 48.8 平方公里，总投资 5.6 亿元。公园分为五大景区：五佛文化区、长寿山景区、奇岩峡景区、角山景区、世外桃源景区。

（五）燕塞湖

燕塞湖是因"塞"得名的高峡平湖，山中有水，水中出山。其湖面狭长，峰回路转，长达十五公里的水面如玉带飘落在峰峦叠翠之中。两岸青山叠翠，悬崖峭壁千姿百态，因而有"北方小三峡""北国小桂林"之美誉。主要景观有洞山剑峰、山中月境、龟石千秋、母女峰、神仙指路、神女浴日、杏林春晓、金蟾戏水等。燕塞湖风景区由燕塞湖、鸟语林、松鼠园等景观组成，建有高级跨湖观光索道。

（六）乐岛海洋公园

国家 4A 级旅游景区，位于河北省秦皇岛市山海关老龙头以西二公里处，距秦皇岛市区十五公里。这是国内唯一融互动游乐、运动休闲、动物展演、科普展示、度假娱乐为一体的环保生态型海洋主题公园。乐岛海洋公园借助海洋动物展演、海岸风情、海上运动项目等多样化的海洋元素，全方位展示了海洋独有的文化特色。在这里，游客不仅可以观赏到海豚、海狮等海洋动物的精彩表演，还可以观赏动感时尚的异域风情表演和充满少数民族艺术气息的边疆歌舞。乐岛丰富多彩的游乐项目，定会满足不同年龄层游客的兴趣和爱好，让游人在观赏海洋动物的同时切身体会参与所带来的快乐。

（七）望峪山庄

望峪山庄位于燕山脚下，最高峰海拔

412.5 米。云遮雾障，林木葱茏。可登九纹山观光，到南天门探险，弥勒镇山，金龟入水，尽收眼帘。相传观看触摸稀世金蟾，将给人带来福气、运气、才气。游园有猕猴乐园、板栗种植园、大樱桃采摘园、苹果采摘园。乘环保船游弋，上游与燕塞湖相连。漫步连心桥，观小桥流水，牵手亭小憩，尽享大自然的无限风光。

（八）王家大院

王家大院号称万里长城第一家，王家兴起于咸丰年间，曾富甲一方，号称山海关"南半城"。置身其中，仿佛时光倒流几百年……回到了清明时期的民间生活。大到床铺家具，小到针头线脑，从金银首饰到衣裳布匹、烛台灯火、床橱柜桌、枕箱被帐、冠巾鞋袜、铜盆器皿、瓷漆杯盘、梳洗用具、珠宝珍玩、文房四宝……只有身临其境才能亲身体验中国民间文化的博大精深、源远流长。

山海关

五、关内传说

（一）"天下第一关"的传说

"天下第一关"是万里长城东部起点的第一座关隘，建于 1381 年，这里依山傍海，雄关锁隘，易守难攻。第一关景区位于山海关古城东部，以威武雄壮的"天下第一关"城楼为主体，辅以靖边楼、临闾楼、牧营楼、威远堂、瓮城、东罗城、瑞莲阁公园、长城博物馆等历史文化景观。"天下第一关"是山海关古城的东城门，又名"镇东楼"，箭楼格式，城高台宽，与靖边楼、临闾楼、牧营楼、威远堂在长城之上一字摆开，形成五虎镇东之势，充分展现了山海关这座古代军事要塞"一夫当关，万夫莫开"的雄伟气势。

据说在六百年前，山海关还没有设关建城，这里只有个土名叫"迁民镇"。朱元璋做了大明朝皇帝，就下了一道圣旨，派中山王老元帅徐达和军师刘伯温到迁民镇围城设防，并限期两年之内必须完成。

他二人领了旨，带着人马，即日起程，很快到了迁民镇。第二天，两人骑马登高瞭望，寻找筑城的地方。要说筑城，徐达是外行，他只会交兵征战，冲锋陷阵；围城设防，却不如刘伯温。刘伯温上知天文，下知地理，学问渊博。徐达站在高处一看，就连说："好地方，好战场！"刘伯温却一声不吭。第三天，他二人骑马又到这里。徐达又连声说："好地方，难得的好地方啊！"刘伯温还是一声不吭。第四天，他二人骑马又来到这里。徐达又连连说："好战场啊，好战场！"刘伯温还是不吭声。徐达见刘伯温心事重重，忙问："军师，

我们领旨来这里围城设防，一连三日，你一言不发，为了什么？""为了大明江山。"徐达听刘伯温说是为了大明江山，非常佩服，说："是呀，军师为了大明江山，南征北战，立下汗马功劳。如今，还这样操劳，实在令人佩服。"刘伯温说："咱生死兄弟，用不着佩服。"徐达

说："你这一连三日，一言不发，就说明为了大明江山，又出谋划策呢！""是呀，当然要为大明江山用心；不过，今天我还为了你……""为我？""是的，为你！""为我什么？"刘伯温用马鞭指了指说："元帅，你看北面是燕山连绵，南面是渤海漫天，咱在这里筑起雄关，可真是一夫当关，万夫莫开呀！"徐达拍手称好。刘伯温接着说："我三天来，想了又想，——

筑一座什么样的城，才配得上这么好的地方。要南入海，北连山；要城连城，城套城；要楼望楼，楼对楼。要筑起一座铁壁金城。"徐达听了，连连叫好。刘伯温又用马鞭四周一指，说："元帅！这是个好战场，城筑好了又是个安全的地方。"徐达点头说："是的。"刘伯温又说："这里土地肥沃，气候温和，也是个安家定居的好地方！"徐达满心想围城设防，耿耿忠心，还很少想自己安家定居的私事，就忘了军师刚才说的"还为了你……"的话。刘伯温见徐达这样忠心为国，非常赞赏，就不再深谈。二人回营，连夜画图，第二天就送往京城。朝廷准奏，立刻动工。整整干了一年零八个月，就竣工了。

徐达、刘伯温回京交旨。

这天早朝，朱元璋一看见徐达、刘伯温回来了，就问："二位爱卿回京，城池可筑定了？"二人出班奏道："托圣上洪福，提前竣工回来了。""好！我大明筑起这样一座重要城池，可曾命名？"他二人一听，都愣住了。当时降旨，只叫筑城，没叫命名。再说也不敢随便命名呀！徐达心直，刚要张嘴说："还没……"刘伯温急忙冲他一努嘴，说："臣等没敢妄动。那座城，南有水，北有山，中间有座新城关，真可谓山海关，我主圣明，请恩示吧！"朱元璋一听，心里高兴，还是刘伯温会说话，把手一摆道："好！就叫山海关吧！"

从朝里回来，刘伯温没有回府，就直接来到了徐达的府上。家人捧上香茶，刘伯温就说话了："元帅，你可知道万岁为什么派咱俩去筑山海关吗？"徐达说："那还用问，皇上看你能算，看我能干呗！"刘伯温摇了摇头，笑着说："也许是这样，不过，我不能再在朝为官，我得走了！"徐达忙问："你走？干什么去？"刘伯温说："我原本是山野道人，四海为家，我还是云游四海去。"徐达说："唉！你我随皇上南征北战，东讨西伐，刚坐了江山，该享荣华富贵

中国古代著名关卡

了，你走？怎么能行？皇上知道了也不会答应。"刘伯温说："差矣！一、我说走万岁会准的，因为仗打完了；二、何况我不准备明着走，是偷着走；三、也是主要的，皇上如果想同咱们共享荣华，就不会派咱俩去山海关筑城，派咱俩筑城，也不会只给两年期限。"徐达不明白："军师！你这是什么意思？"刘伯温沉重地说："还不明白？要咱两年修筑一座重要城池，按常理比登天还难；如不按期竣工，你我身家性命难保；城池筑完了，咱若私自命名，是目无皇上，有欺君之罪；筑完了不起名，也属办事不周，也会丢官罢职。这些我早有准备。徐元帅，这是刚刚开始呀，所以我得走了。俗话说：'兔死狗烹，鸟尽弓藏！'"这一席话说得徐达目瞪口呆，好半天才说："军师兄长，你撒身一走了之，我可怎么办呢？"刘伯温说："你不能走。大明江山刚定，你得随朝伴驾。不过，你要记住两件事。""哪两件？""第一，不论什么时候，你只要在朝，就不要离开万岁的左右，赶你，你也不要离开，就说护驾；这第二，你身边的几位公子，不能都住在京城，这里是花花世界，是非之地，不好管教，最好放在别处一支，以防不测。"徐达听到这儿，有些明白了，说："我明天就打发一个孩子走。你说，让孩子到哪里去好呢？"刘伯温说："山海关好。那里气候好，物产丰富，这还次要；那里城高池深，不易受刀兵之苦，即使有烽火，进可以有平川，退可以有高山，是个锻炼人才的好地方！"徐达说："就照军师的话去做，明天就叫三儿子去山海关。"

正当徐达说叫三儿子去山海关的时候，胡大海闯进来说："好啊！你明天

就叫三儿子去山海关，干啥去？不说，我也听明白了。明天早朝，我就告诉皇上。"刘伯温、徐达一见胡大海闯了进来，这个愣头青，什么话都说，再说，也不该瞒着他，就跟他学说了一遍。胡大海一听，乐了："你说得有理，咱在战场上要死死在一起，如今咱求活，也要在一起活，我也打发一个儿子去山海关。"话没落音，常遇春也来了，说："三位兄长，这样的好事别忘了小弟！"刘伯温素知这三位是生死之交，又照直学说一遍，常遇春也照直打发一个儿子去山海关。

不久，刘伯温就不辞而别了，皇上还惋惜地

抹了一把泪，可是，却没派人去找。徐达哥仁一见，皇上果真如此，就派三个孩子去山海关安家了。

事过不久，朱元璋在庆功楼设宴。他明是为功臣庆功，暗里是怕功臣们不服他管，跟他争江山，早准备了大火，要一把火把功臣都烧死。在庆功会上，徐达按照刘伯温的话，寸步不离皇上。朱元璋说下楼有事，徐达借口保驾，也跟下楼来。楼下大火烧起来，徐达才保住了性命。胡大海、常遇春等开国元勋，都糊糊涂涂死在庆功楼火海之中。

徐达、胡大海、常遇春的三个儿子，到了山海关，定居安家，徐达不断来看望他们，嘱咐他们好好攻读诗书，认真练习武艺，也好为国出力。后来，这三家的后代就一直住在山海关，在山海关城里修了徐达庙，在城东北修了胡家坟，在城西南修了常家坟，都是石人石马石牌坊。人们议论起来，都说刘伯温有眼力，有本领，修了北京城又修了山海关城，还保住了徐、胡、常三家后代子孙。

（二）孟姜女及姜女坟的传说

山海关城东南十公里的近海里，有两座礁。远看，高的似碑，矮的似坟，人们传说是姜女坟。坟高三丈六尺，跟城墙一般高，坟头有玉石顶，水涨坟也涨，水落坟也落，多大的潮，也没了它。姜女坟海岸上有个村庄，叫贺家庄，屯里的孩子们有首歌谣：拍，拍，拍大虫，七月傻，八月红，九月割高粱。因为每年七、八、九月，在海边总有一种红翅膀的蚂蚱，憨头憨脑地在这里飞来飞去，人们拍着手叫它，它就往你手里飞，因此，叫它"傻大虫"。孩子们也以此为乐。贺家庄的人们说："粉红翅膀的傻大虫，是当年孟姜女跳海时，被秦始皇撕掉的粉红罗裙变的。"

传说很久以前江苏松江府有个孟家庄，孟家庄有一老汉擅长种葫芦。这一年他种的葫芦长得非常茂盛，其中一棵竟伸到了邻居姜家院里。孟、姜两家非

山海关

常交好，于是便相约秋后结了葫芦一家一半。到了秋天，果然结了一个大葫芦，孟、姜两家非常高兴，把葫芦摘下来准备分享。忽听葫芦里传出一阵阵小孩的哭声，孟老汉非常奇怪，便用刀把葫芦切开一看，呀！有个小女孩端坐在葫芦中，红红的脸蛋，圆嘟嘟的小嘴，很是惹人喜爱。姜家老婆婆一看，喜欢得不得了，一把抱起来说："这孩子就给我吧！"可是孟老汉也无儿无女，非要不可，两家争执起来，一时间争得不可开交。到后来，只好请村里的长者来断。长者说："你们两家已约定葫芦一家一半，那么这葫芦里的孩子就算你们两家合养吧。"于是小姑娘便成了姜孟两家的掌上明珠，因孟老汉无儿无女，便住在了孟家，取名孟姜女。

斗转星移，日月如梭，孟姜女一天天地长大了，她心灵手巧，聪明伶俐，美丽异常，织起布来比织女，唱起歌来赛黄莺，孟老汉爱如珍宝。

这一天，孟姜女做完针线活儿，到后花园去散心。园中荷花盛开，池水如碧，忽然一对大蝴蝶落在池边的荷叶上，吸引了她的视线，她便轻手轻脚地走过去，用扇一扑，不想用力过猛，扇子一下掉入水中。孟姜女很是气恼，便挽起衣袖，伸手去捞，忽听背后有动静，急忙回头一看，原来是一个年轻公子站在树下，满面风尘，精神疲惫。孟姜女急忙找来父母。

孟老汉对年轻人私进后花园非常生气，问道："你是什么人，怎么敢私进我的后花园？"年轻人忙连连请罪，诉说了原委。

原来这个年轻人名叫范杞良，本姑苏人氏，自幼读书，满腹文章。不想秦始皇修筑长城，到处抓丁，三丁抽一，五丁抽二，黎民百姓怨声载道。范杞良急忙乔装改扮逃了出来。刚才是因饥渴难耐，故到园中歇息，不想惊动了孟姜女，边说边连连告罪。

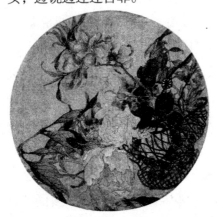

孟姜女见范杞良知书秉礼，忠厚老实，便芳心暗许。孟老汉对范杞良也很同情，便留他住了下来，孟姜女向爹爹言明心意，孟老汉非常赞成，便急忙来到前厅，对范杞良道："你现在到处流落，也无定处，我想招你为婿，你意下如何啊？"范杞良急忙离座辞道："我乃逃亡之人，只怕日后连累小姐，婚姻之事万不敢想。"无奈孟姜女心意已决，非范杞良不嫁，最后范杞良终于答应。孟老汉乐得嘴都合不上了，急忙和姜家商议挑选吉日，给他们完婚。

偏巧孟家庄有一无赖，平时垂涎姜女美色，多次上门求亲，孟老汉坚辞不允，他便怀恨在心，伺机报复。如今听说了范杞良之事，便偷偷地到官府去告了密，带着官兵来抓人。

这时孟家还蒙在鼓里，正喜气洋洋准备拜堂大典。忽然哗啦啦一声，大门被撞开了，一群官兵冲进来，不由分说，把范杞良绳捆索绑就要带走，孟姜女急忙扑上去，被官兵一把推开，眼睁睁看着自己的夫君被带走了。

自此孟姜女日夜思夫，茶不思，饭不想，忧伤不已。转眼冬天来了，大雪纷纷，姜女想丈夫修长城，天寒地冻，无衣御寒，便日夜赶着缝制棉衣，边做边唱起了自编的小曲："月儿弯弯分外明，孟姜女丈夫筑长城，哪怕万里迢迢路，送御寒衣是侬情。"

一夜之间，做好棉衣，孟姜女千里迢迢，踏上路程。一路上跋山涉水，风餐露宿，不知饥渴，不知劳累，昼夜不停地往前赶，这一日终于来到了长城脚下。

可长城下劳工数以万计，到哪里去找呢？她逢人便打听，好心的人告诉她，范杞良早就劳累致死，被埋在长城里筑墙了。孟姜女一听，心如刀绞，便求好心的劳工引路来到了范杞良被埋葬的长城下。坐在城下，孟姜女悲愤交加，想到自己千里寻夫送寒衣，尽历千难万险，到头来连丈夫的尸骨都找不到，怎不令人痛断柔肠。愈想愈悲，便向着长城昼夜痛哭，不饮不食，如啼血杜鹃，望月子规。这一哭感天动地，白云为之停步，百鸟为之噤声。直哭了七天七夜，忽听轰隆隆一阵山响，一时间地动山摇，飞沙走石，长城崩倒了八百里，露出范杞良的尸骨。

长城倾倒八百里，早惊动了官兵，官兵上报秦始皇。秦始皇勃然大怒，下令把孟姜女抓来。等孟姜女被抓，秦始皇一见她貌美非凡，便欲纳她为妃。孟姜女说："要我作你的妃子，得先依我三件事：一要造长桥一座，十里长，十里阔；二要十里方山造坟墩；三要万岁身穿麻衣到坟前祭奠。"秦始皇想了想便答应了。不几日，长桥坟墩已全都造好，秦始皇身穿麻衣，排驾起行，过长城上长桥，过了长桥来到坟前祭祀。祭毕，秦始皇便要孟姜女随他回宫。孟姜女冷笑一声道："你昏庸残暴，涂炭天下黎民，如今又害死我夫，我岂能作你的妃子，休妄想！"说完便怀抱丈夫遗骨，跳入了波涛汹涌的大海。一时间，浪潮滚滚，排空击岸，好似在为孟姜女悲叹。

（三）角山寺的传说

出山海关城北门，走八九里路，过两道亭，来到半山腰的丛林中，有座庙宇，当地人叫它"角山寺"。据说庙中的栖贤殿是明代书法家萧显的书馆，寺的东侧就是万里长城。

这座背靠燕山、面向渤海的庙宇，为什么叫做"角山寺"呢？还得从四百年前明朝嘉靖年间说起。

相传，在山海关北门里的药王庙原是个小庙，没有和尚，也没有道士，只有一家姓詹的看庙。老夫妻俩带着个独生儿子。因家中贫寒，这孩子从小给人家放羊，长到十多岁，也没有人教他习文识字。但是，远亲近邻，人人奇怪这放羊的小孩，竟会背诵四书五经，有人说他是神童下界。

其实药王庙里有个私塾，乃是本城绅商筹办，聘了一位关老夫子执教，学生均是富家子弟，庙内终日书声琅琅。有个放羊的孩子经常在窗下偷听，日复一日，《百家姓》《千字文》《千家诗》和"四书""五经"竟背得滚瓜烂熟。有一天，他又偷听时，被一个学生看见了，几个富家子弟便一哄而起，欺侮这

个放羊的孩子。还是关老夫子出来解了围。"你常在这儿听人念书吗？"老先生问。小孩偷看了老先生一眼，见他一脸和气，便说声："是。"

关老夫子从《论语》《中庸》到《大学》，考了他七七四十九个问题。没想到，一个 13 岁的放羊孩子，竟能对答如流。这真使老夫子喜出望外，便一口答应免费收下这名学生，并取名詹荣，字角山。

关老夫子是举人，满腹文章，爱才如命，收了詹荣，每日早晚专为詹荣授课，尽心教授，詹荣聪明过人，一点

就通，学业进步神速。

有一天，关老夫子对詹老头说："荣儿聪明，文才已就，趁他年幼，老夫想叫他去投靠鼻梁山道人习武深造，以便日后报效国家。""多谢老夫子一片好心，可这鼻梁山，山高路远，小孩子能去吗？"詹老头有些不放心，没等老师答话，詹荣急忙跪在两位老人面前："孩儿谨遵师命，明日就上鼻梁山！""不！今夜就去，不可耽误！"老师说。"是！"詹荣给老师磕了头，辞别了父亲，直奔鼻梁山而去。

詹荣出了北门，来到水墨河。那时候，水墨河一片汪洋，波涛滚滚。詹荣一心上山，哪管这些，脱下鞋袜，抬腿下水。这时，只见对岸一盏红灯飘飘而来，一会儿，两个人已站在詹荣面前，他们身高五尺开外，一个面似锅底，一个面如白玉。黑脸大汉问："你是詹荣吗？""是。请问二位是？""我俩是奉师父之命前来接你，以后就叫我们师兄吧。来，我背你过河。"

詹荣心里纳闷：这两个怪人，怎么认出我来，又要背我过河呢？但过河求师心切，哪管那些，便一跃趴在黑大汉的背上。说也奇怪，两个大汉既不下水，又不趟河，一阵嗖嗖之声，就从水面上过去了。三人到了对岸，直奔鼻梁山而去。从此，詹荣夜来晨归，都是两个大汉接送。据说这两个大汉就是关老爷身边的周仓与关平。

三年过去了。少年詹荣在鼻梁山道人的传授下，已经文成武就。后来，果然考中文武进士，最后擢升到兵部侍郎之职。晚年卸任回乡，仍念念不忘恩师，便在鼻梁山造起寺院，重塑关爷及周仓、关平金像，寄托思念之情。因詹荣别号角山，为了纪念詹荣造庙，后人便叫此庙为"角山寺"。

几百年来，角山寺远近闻名。此寺有"瑞莲捧日""山寺雨晴"胜景，都列入榆关八景。现今游人只记得角山，反而将鼻梁山的名字忘记了。

（四）山海关石河大战的故事

明崇祯十七年（1644 年）春，闯王李自成在西安建立大顺政权后，率军直逼京城。崇祯帝深恐大明江山难保，命山海关总兵吴三桂救驾，并封为平西伯，诏令勤王。吴率军五万进京途中听闻北京被起义军攻占，立即回师返回山海关。李自成入京后，为防止吴三桂倒向辽东清朝势力，决定纳降吴军。于是给吴氏父子封侯，派降将唐通率八千兵马，携带四万两白银到山海关犒赏。吴三桂为保护在京家小财产平安，当即受降，由唐通接管山海关军务。吴三桂率领部众进京，准备朝见李自成接受新命。当行至滦州，得知爱妾陈圆圆被李自成的大将刘宗敏霸占，怒不可遏，决定拒降。当即回师山海关，向猝不及防的唐通部发起突然袭击，再一次占领山海关城。

李自成接到吴三桂叛变消息后，亲率大军二十万开赴山海关，试图一举平灭吴军。吴慑于难同大顺军相抗，决意投靠清朝，以免遭覆灭，于是派使者杨坤、郭云龙呈书摄政王多尔衮，欲"满汉合兵以抵都门，再灭流寇于宫廷"。多尔衮无意合兵，却趁机向吴三桂招降，回书许诺吴若归顺大清，必封王晋禄。穷途末路之下的吴三桂果然投降满洲，并决心与李自成大战一场，以提高自己在满洲贵族面前的地位，由此揭开了石河大战的序幕。

李自成于四月十三日离京，行程七天于二十日抵关。接战前考虑吴军可能向东逃跑，派出骑兵两万到一片石关围截，以扫其外援，断其遁路。吴眼见要作困兽之斗，遂向多尔衮告急，请求援军。多尔衮接到告急，"师夜发，逾宁远、沙河，次日距关十里，又日至关"，双方展开外围战。激战之后，清军打败了农民军，占领一片石关。

在正面战场上，李自成大军自北山至南海布阵，对山海关西、北、东实行三面围抄，四月二十一日，战斗首先在石河展开。大战中，吴三桂调动全部精锐，驱众死斗，山海关守军人困马乏，难以支撑。而驻屯在欢喜岭的清军却蓄锐不发，以逸待劳。四月二十二日，据守北冀城的吴军向李自成投降。吴三桂感到危亡在即，携众将到欢喜岭面拜多尔衮，声泪俱下地请求清军进关迎敌。多尔衮见时机成熟，指挥清军从南水门、北水门和关中门破阵冲击，霎时，清军旗鼓大作，各路军马所向披靡，大顺军溃败如山倒，清军乘胜追击，"逐奔二十余里，李军自相践踏，死伤无算，尸横遍野，沟水尽赤"。李自成携残部仓皇逃回京城。

山海关石河大战，以吴清联军大获全胜告终。三日后，吴三桂大开城门，盛迎清军入关，至此，满洲贵族为建立清帝国统治奠定了基础。同年九月，清世祖福临由关入京登基。

山海关凭借着古迹荟萃、风光旖旎、气候宜人，成为著名的历史文化古城和旅游避暑胜地，关内海潮涌动，此消彼长，浮云过隙，漫卷舒风。山海关的旅游资源价值和山海关长城一线的独特魅力，尤其是"天下第一关"的名号是不可替代的。在这个长城、海、龙脉相连的城域，相信在不久的将来，山海关古城的古老身世和历史风貌将得到进一步的恢复。一个再现历史风貌的"天下第一关——山海关古城"会以更加瑰丽的雄姿屹立在渤海之滨、长城之首。

山海关

嘉峪关

　　素有"天下第一雄关"之称的嘉峪关位于甘肃省西北部河西走廊中西结合部。作为明长城保存最完好的一座古代军事建筑，它在展现其军事价值的同时，也宣扬着其独特的文化和艺术魅力。嘉峪关关城的地理位置独特，虽不具备险峻的地势，却具有独特的防御机制。作为比山海关建关还要早的一座关隘，嘉峪关地区也留下了很多令人赞叹的古代艺术奇葩和很多美丽的传说。

一、嘉峪关的历史

素有"天下第一雄关"之称的嘉峪关是明代万里长城的西端起点，是今长城沿线保存最完整的一座古代雄关。从关城位置来看，嘉峪关地处河西咽喉之地，南是终年积雪的祁连山，北是冈峦起伏的马鬃山，两山对峙中间形成了狭长的咽喉地带，地势十分险要，嘉峪关就在这个咽喉的最窄处，因此自古就被誉为"河西第一隘口"，也被誉为"河西重镇""边陲锁钥"。从整段长城边防来看，关城南面的长城如蜿蜒的巨龙，绵延于平沙原野之上，一直冲向祁连山下的悬崖；北面的长城若断若续，依山势起伏隐现，一直延伸到黑山山腰的悬崖峭壁之上。南北两面的长城就好像从关城伸出的一把巨大的铁钳，卡断了东西通道，貌似一队威武雄壮的战士，屹立在两山之间，伸出双臂，牢牢地守卫着丝绸之路的咽喉要道，说它是河西重隘名副其实。

嘉峪关关西门外一百多米处，有清代立的"天下雄关"石碑。清嘉庆十四年（1809年），甘肃总兵李廷臣视察嘉峪关防务时，发现这里南面是祁连雪山，北面是黑山，关势雄伟，堪称"天下雄关"，便写下"天下雄关"四字并立为碑，给后人留下了永恒的纪念。1842年10月11日，清末爱国政治家林则徐被流放充军伊犁的途中，也曾来到嘉峪关，饱览了关城的雄姿和大漠风光，写下了《出嘉峪关感赋》四首，其中第一首写道：

严关百尺界天西，万里征人驻马蹄。

飞阁遥连秦树直，缭垣斜压陇云低。

天山巉削摩肩立，瀚海苍茫入望迷。

谁道崤函千古险，回看只见一丸泥。

清同治十二年（1873年），左宗棠驻守肃州时，题写了"天下第一雄关"的匾额，悬挂在关城之上。现在，虽然罗城关城还在，可是城楼已经毁坏，"天下第一雄关"的匾额已不知去向。

嘉峪关始建于明洪武五年（1372年），

先后经过一百六十八年的修建，终于成为万里长城沿线最为壮观的关城。1961 年，嘉峪关被国务院公布为第一批全国文物重点保护单位，这不仅是由于它作为军事防御系统的功能，也由于它在经济文化交流中所起的作用。

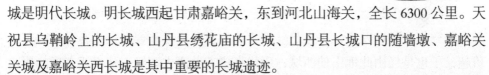

（一）嘉峪关和明长城

我国从秦始皇时期就开始修筑长城，距今已有几千年的历史，目前保存最为完整、修筑规模最大的长城是明代长城。明长城西起甘肃嘉峪关，东到河北山海关，全长 6300 公里。天祝县乌鞘岭上的长城、山丹县绣花庙的长城、山丹县长城口的随墙墩、嘉峪关关城及嘉峪关西长城是其中重要的长城遗迹。

嘉峪关所在地区，在先秦时期曾是西戎活动频繁的地区。秦朝时归乌孙族所管辖；汉朝初年属于匈奴的地界；后来汉武帝派兵击败匈奴后，在河西走廊一线设置酒泉等河西四郡，并在此修筑亭障、烽燧，构筑河西长城，这时的嘉峪关地区属于酒泉郡；十六国时期，此地战争频繁，前凉、西凉、北凉先后都曾据有过这个地方；北魏至隋时属于福禄县；唐朝时又改归酒泉县所有；五代、北宋初属回鹘，不久被西夏攻占；元朝属肃州。这里也曾经设过关卡，汉朝时设玉石障，五代设天门关，但一直是有关无城。

明朝初年，明太祖朱元璋以徐达为元帅，派五路大军清除元朝残余势力，宋国公冯胜率军西征，大破元兵，至此，千里河西走廊开始归明朝直接管辖。冯胜视察防务时从酒泉骑马向西 20 公里，过"九眼泉"，登上嘉峪塬，驻足观看：发现此地南面是斜刺长空的贺兰山，西面是如海的戈壁，北面是威严的黑山，东面是清泉绿洲，而嘉峪塬就是河西走廊这条连通东西的大河的中流砥柱。因这里一直以来都是"有关无城"，于是上表朱元璋，称嘉峪塬"此咽喉要地，令关踞其中，当固若金汤"。1372 年也就是明洪武五年，开始建关于"嘉峪山之西麓"，关以山名，始称嘉峪关。它自此也成为西北边防的第一道屏障。

嘉
峪
关

（二）嘉峪关的历史地位

嘉峪关作为河西重隘，地理位置十分重要，自古为兵家争战之地，少不了刀枪棍剑、金戈铁马的洗礼。两汉时期，河西走廊一直是与匈奴多年征战之地。明朝初年，征虏将军冯胜再次将河西划回中原版图，不过这次对手不是匈奴而是蒙古人。明正德十一年（1516年），吐鲁番军队侵入嘉峪关，围攻肃州后大掠而去。嘉靖三年（1524年），吐鲁番军队再次入侵嘉峪关，大肆抢掠，不久即被明军击退。以后，吐鲁番贵族仍多次入侵边境，明朝廷决定"闭关绝其贡"，放弃嘉峪关以外的地方。此后，虽然仍有番兵来攻，但均被坚守嘉峪关的将士们击退，而且自嘉峪关建成以后，此地就没有发生过大规模的战事。

嘉峪关不仅是历史上的重要军事要塞，而且是古代通往西域的要道。嘉峪关自张骞出使西域以来，一直是丝绸之路的重要驿站和要塞；张骞以后的东汉班超父子也是经由此地出使西域；唐代高僧玄奘西去取经，从河西走廊的黑山峡谷穿过继续西行；元代著名的意大利旅行家马可·波罗前往元上都时，是从这里经过黑山一带继续东行的。明以后，嘉峪关成为中原对西贸易陆路口岸。清朝，在沙俄势力从中亚东扩时，也曾被迫将通商口岸设在嘉峪关。所以，这里自古就是"诸夷人员出师往来之道""河西保障之咽喉""戎羌通驿之途"，曾出现过"远人熏化来，款关无虚夕"和"洪散入版图，五十余属国"的民族大交流融合的景象。古丝绸之路雕塑群还雕刻了中国古代在嘉峪关地区有过记载的张骞、霍去病、班超、玄奘、马可·波罗、林则徐、左宗棠七位主要历史人物造像及五名随从、两匹马、两峰骆驼和一架马车塑像，借以展示这里悠久的历史和厚重的人文内涵。

嘉峪关关城始建于明朝洪武五年，到最终建成一座完整的关城前后历经了一百六十八年的时间。伴随着关城日月的东升西落，它走过了六百多年的时间。应该说，这几百年间祥和安宁的氛围是嘉峪关的主旋律，战争只是短暂的插曲。直到清代，嘉峪关也很少发挥边关要塞的军事作用，成为一个纯粹的通商贸易的内陆关卡。

中国古代著名关卡

二、嘉峪关的关城

嘉峪关关城呈方形，整个
建筑由内城、外城、城墙等部
分组成，整体功能上是以军事
防卫为主，显出"城内有城，
城关重重"之势，面积达三万
二千多平方米，规模宏大，气
势雄伟。嘉峪关从内部结构到

外部造型，都突出体现了中原文化的特点。它作为内地与西域、中原与大漠之
间纷争与融合的见证，悲壮而辉煌。

（一）选址与扩建

当初冯胜选择在嘉峪山上建关作为明长城西端起点，主要是由于嘉峪关优
越的自然条件和险要的地理形势：离黑山近，有险可恃；地势高，居高临下，
下有九眼泉，水源足。嘉峪关西面是一处开阔的大草滩，黄草平沙，地势非常
开阔，素为古战场；嘉峪关西北部的黑山，地势险峻，山路崎岖，背风向阳，
山后有澄湖，既隐蔽又开阔，适宜于操练习武，又便于伏兵出击；嘉峪关南面
是滔滔奔流的讨赖河，与文殊山构成天然屏障；嘉峪关的东面是酒泉盆地，地
势平坦，水源充足，良田成片，牧场遍布；嘉峪关的东南坡是著名的峪泉活水
"九眼泉"，冬夏澄清，终年不竭，可供人马饮用，并可灌溉良田。

古人是这样形容嘉峪关险要的地形地势的："河山襟带，为羌戎通驿之
路"；"北倚黑山嘉峪，南凭红山祁连，关城居中，险峻天成"；"自远而论，
东以关辅为内庭，西以伊循为外屏，南以青海为亭障，北以大漠为斥堠，襟山
带河，足限戎马，所谓西睡锁钥也。由近而论，面瞰雪岭，背倚长城。临水环
于左，嘉峪峙于右。内有讨赖、红水之潆洄，外有黑河、白湖之环绕。群峰拱
卫，虎踞豹隐。虽兼沙卤，居杂戎番，而泉香，土沃，草茂，牧肥，具此形胜，

嘉峪关

足以有为矣"。

正是由于这险要的地形地势，早在汉代，人们便依山凭险，加强防御，在现在的石关峡口内设置了玉石障(汉制：每塞要处别筑为城，置人镇守，谓之侯城，此即障也)。五代时期，政府又在黑山脚下的黑山湖左右的大道建关，把守这一带山口。后来，为了控制东西来往要道，又在今石关峡内建石关。可见，这一带历来是防务要地，历代都派兵驻守。

嘉峪关从选择地点到建成为坚固的防御工程，经历了一百多年的时间，先后经过几次大规模的扩建才形成今天的巍巍雄关。明洪武五年（1372年），开始建造关城，当时的建筑规模为周围726米、高6.6米，就是现在的内城夯筑部分，是一座有关无楼的土城。明弘治八年（1495年），肃州兵备道李端澄主持在西罗城嘉峪关正门(西门)顶修建嘉峪关关楼，也就是所说的"李端澄构大楼以壮观，望之四达"。明弘治十四年（1501年），关城刚建成不久，由于吐鲁番经常袭扰哈密，明朝廷又下令重修了嘉峪关。正德元年（1506年)八月至次年二月，李端澄又按照先年所建关楼的样式、规格修建了内城光化楼和柔远楼，以及官厅、夷厂、仓库等附属建筑物。城楼修好了，却依然是孤城一座，番兵在之后的十几年里，两度围困攻破嘉峪关，或是干脆绕过它去劫掠附近地区。嘉靖十八年（1539年），尚书翟銮视察西北防务时，认为嘉峪关是"河西第一隘口"，必须加固关城及其边墙(长城)。于是，又大兴土木，与新城等九堡一起增筑城垣，加固城堡，增修敌楼墩台等，又修筑了一道长城。这样嘉峪关的长城，由关城起南入文殊山(祁连山的一部分)，下至讨赖河畔，北入黑山(北山的一部

分)，进入悬岩峭壁。这样一来，就把河西走廊的隘口全部割断，只有经过嘉峪关城才能东进西出，或西进东出，使明长城与嘉峪关连成一体，组成完整的军事防御体系。因此说嘉峪关是"初有水而后置关，有关而后建楼，有楼而后筑长城，长城筑而后关可守也"。

（二）防御体系

嘉峪关本身作为一个防御性的关城，充分

中国古代著名关卡

利用了地形的优势——建关在黑山与祁连山两山相夹形成的狭长地带的最狭窄处，直扼河西咽喉。即便是这样，嘉峪关与其他关城相比，地理环境方面仍然存在着极大的不足。其他的关城或依山或面海，或如山海关依山面海，属于典型的易守难攻。嘉峪关长城虽然已经最好地利用了地形优势，却大部分建在了荒原之上。由于其重要的战略地位，关城的建造者必然会想方设法弥补这个劣势，弥补的方法是建立一套强大而完备的防御体系。于是自冯胜建关，建设者以假想战争中可能发生的一切情况为蓝图，历时一百六十八年完善了嘉峪关的防御体系。

　　嘉峪关防御体系中最核心的部分是嘉峪关的关城。嘉峪关关城布局合理，建筑得法，适合战争和防御的需要。关城有三重城郭，多道防线，城内有城，城外有壕，形成重城并守之势，壁垒森严，与长城连为一体，形成五里一燧，十里一墩，三十里一堡，一百里一城的军事防御体系。嘉峪关布局坐西向东，背向西域而面向朝廷。关城由内城、瓮城、罗城、城壕组成。

　　1. 内城

　　内城是关城的最重要部分，是军事指挥中心，也是战争中所需全部物品的大仓库，为整个战争起后勤保障作用。

　　内城面积 2.5 万平方米，东城墙长 154 米，西城墙长 166 米，南北城墙各长 160 米，周长 640 米。内城墙墙身高 9 米，垛墙高 1.7 米，总高 10.7 米，底层厚 6.6 米，上宽约 2 米，这是嘉靖十八年加固关城后的结果。内城初建时只是用黄土夯筑的高约 6 米的土城，后来重新修筑时才在外侧用土坯垒砌，中间填以砂石混合黄土加高了约 3 米，少数增高的墙身也有夯筑的，这才形成了今天我们所见到的内城墙。漫道是用青砖铺就的，内外侧分别设有宇墙和垛墙。每个垛墙均设有以便观察敌情的瞭望孔。内城城墙上还有一个比较精细的设置，即垛口上在瞭望孔下较高一排的实心孔，是供夜间值勤士卒放置灯火用的灯槽，它深 24 厘米，口宽 27 厘米、高 39 厘米，这样两侧刮来的风，不会把灯吹灭。槽下有一斜坡式炮位和箭孔，以便向侵城的敌人射击。

　　内城有东西两道大门，分别为"光化门"（东门）和"柔远门"（西门）。

光化和柔远是有一定的寓意的，体现了明王朝的民族政策。"光化门"，紫气东升、光华普照，就是以中央政权的文化教化、感化边疆地区的少数民族，是以德化人。很明显，这里所要发扬光大的文化，是以汉政权为主体的儒家文化，体现了当时中央政权对边疆兄弟民族的一种政策。"柔远门"，意为以怀柔而致远，安定西陲，就是说用怀柔政策安定远方，言下之意是不诉诸武力。使用怀柔政策使边疆安定了，中央政权的统治就能够得以巩固了。

光化门和柔远门城门都是木制的，用黑漆铁皮包钉，均有深 20.8 米、宽 4.2 米的高大的砖砌拱券门洞，门洞基础和地面起用长 2 米、宽 0.5 米、厚 0.35 米的石条衬砌。这些石头材质都比较坚硬、耐风化。

在"光化门"和"柔远门"顶的方形平台上有"光化楼"和"柔远楼"，是三层歇山顶式建筑，东西对峙，高达 17 米，面宽三间，进深两间，周围红漆明柱回廊。楼的第一层是砖木结构，东西两面开门，门内有带扶手的木质楼梯，从此楼梯可以登上第二层、第三层。第二、三层都是木质结构的，并且四周都镶有木格壁窗。楼顶脊上装兽形瓦、蟠龙、狮子等，盖顶是绿色琉璃瓦。整个楼阁雕梁画栋，五彩缤纷，很是威风。

人们常说"万丈高楼平地起"，传说嘉峪关城楼却不是这样建造起来的，而是"高楼从顶起"——从顶楼起一层一层往下建。具体是这样的，先在楼台上筑一个高约 20 米的大土堆，在土堆顶上先建起一个歇山式楼顶，然后竖起三楼的立柱……三楼建好后，将土刨掉一层，再建二楼，二楼建好后，将土再刨掉一层，再建一楼。不过这只是一个传说，嘉峪关城楼"从顶建起"的说法是否真实我们也无从考证，"从顶建起"这种做法也未必可行，不过这种说法在一定程度上歌颂了劳动人民的无穷智慧。

在光化门和柔远门内的北侧城台与城墙衔接的拐弯处，有"燕鸣壁"。在"光化门"和"柔远门"北侧，还各有马道门楼一座。门楼内有照壁，照壁后有宽阔的斜坡式砖铺马道，直达城顶。所谓马道，顾名思义，就是马走的道。当时，上城楼时，文官坐轿，武官骑马。

为了便于马行，才修成斜坡，这就是上城楼的斜坡道不修成台阶式的道理。

站在城顶的方形楼台上极目远眺，景色非常壮观。南面是白雪皑皑的祁连山，北面是如漆的黑山，还有一片广阔无垠的大漠，怪不得明代诗人戴弁在《嘉峪晴烟》中写道：

烟笼嘉峪碧岩晓，影拂昆仑万里遥。

暖气常浮春不老，寒光欲散雪初消。

雨收远岫和云湿，风度疏林带雾飘。

最是晚来闲望处，夕阳天外锁山腰。

2. 瓮城

内城东西二门外，都有瓮城围护，它们是最早同关城一起建造的。瓮城门朝南开，这样，进入内城必须折90°，避免所有城门打开时内城被一眼望穿，暴露无遗。东西瓮城与内城迂回连接浑然一体，面积各有五百余平方米，略呈方形，夯土墙与内城同高，建筑形式也一样。它是冷兵器时代城池防御中最重要的一个设施，一般是主动将小股敌人放进来，再断其退路，形成合围之势，继而全歼敌人。也就是说敌人一旦被引入这里，就失去了反抗能力，只能任凭宰割。与瓮中捉鳖意境相同，所以将这类防御工事称为瓮城。

瓮城门均为砖砌，向南开，门洞为铺底都是长方形条石的拱券式砌券，门洞内安铁皮大门。东西瓮城门首分别刻有"朝宗""会极"。"朝宗""会极"也分别取一定的寓意，"朝宗"，既可以理解为地理方向，也可理解为政治方向。它可以解释为归顺、臣服明廷的官宦或商贾如百川汇海经此门，这种理解指示一个方向；也可以指西域各国从西而来，东去朝觐，这是它的政治理解。也有人把它理解为过往朝廷官员虽远行"极边"，但仍不忘朝廷和君王。"会极"的理解方式也有两种：一是要出西瓮城之门去聚合、团结统一西边所有各国各地；二是极边(即西域)仕宦商旅会合于此。当时从嘉峪关进入内地是需要申请的，所有从西域来的仕宦商旅，都必须在嘉峪关住下，然后申请进入内地，经批准后，方可入关。因此，"会极"也有"会合于极边"的意思。

东西瓮城门上还各建有一层小三间式坐北向南的阁楼一座，阁楼高5.7米，面积28.6平方米。阁楼两端与城墙相通，楼前有红漆明柱通廊，南开的对扇小门，东西两边开窗。楼脊扣筒瓦，楼顶四角檐上装龙首瓦，檐翼起翘，美观大方。

3. 罗城

为防止敌人一旦突破瓮城围攻内城，西瓮城西面，又筑了一道南北的厚墙，形成一道凸形重城。这道重城叫西罗城，它是正面迎敌的第一道防线，与瓮城一起形成了保护内城的外城，这样内外城之间就形成了一个狭窄的夹道。当敌人被诱入内外城之间的夹道后，会发现自己又进入了一个变形的瓮城，一个长方形的瓮城。罗城上重建关楼，与东西城楼样式相同，名嘉峪关关楼，悬"天下第一雄关"匾。

因此，嘉峪关这种重城并守、步步陷阱的设计，目的是要杀伤敌人的有生力量，而绝非用来阻挡敌人的进入，它看似弱小的外表下隐藏的是一件件杀人的利器。一旦敌人闯入其中就如同进入天罗地网，很难全身而退，这也是外城起名罗城的原因。

西罗城是在明朝弘治十四年 (1501 年)开始修建的，嘉靖十八年 (1539 年)，尚书翟銮再修嘉峪关时用砖包砌，所以特别的坚固、雄伟。西罗城城墙长 191.3米，底基厚 25 米，上阔 5.3 米，高 10.5 米。墙的正中设有关的正门，门洞为拱券式，砖砌，门洞上嵌有乾隆皇帝所题"嘉峪关"三字，基础和通道全用石条砌铺。门洞深 25 米，高 6 米，宽 4 米，有黑漆铁皮包钉双扇门。罗城内侧南端有一条直达墙顶的宽阔的砖铺马道。城头有 133 个垛口，砖砌，垛墙高 1.5 米，宽 1.7 米，厚 60 厘米。垛口中间设有正方形上下两排瞭望孔，还设有灯龛 122个，既解决了照明问题，又消除了士兵成为流动靶的危险。每个灯龛下设有一个斜坡式射击孔——下面一排瞭望口里面垫一块斜砖形成，这块斜砖的设计可以说体现了设计者的精妙构思。垛口本来就是为方便守军攻击设计的，但它存在一个很大的缺点，就是必须要等攻方射完一轮箭之后换箭的时候才能进行还

击，而有了像罗城这样的斜坡式射击口，就能使守军更加从容地进行攻击。

在内城外围，有东罗城。用黄土在东南北三面夯筑了一道墙，南北墙的西端与西罗城相接。外城墙高 3.8 米，总长约 1250 米左右。东北角上是"东闸门"，上面建有闸门楼，闸门曾是守城者检验

中国古代著名关卡

入关人员证件的地方。东闸门外还有一棵著名的"左公柳"。

罗城南北两端各有箭楼一座，为警戒哨所。在内城的南北两侧建有敌楼，四个角上都设有角楼，平时用于瞭望，战时就配合内城城墙上的守军对进入夹道的敌人进行多方位的攻击。

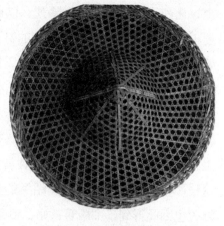

罗城上重建关楼。北面向北八千米连接黑山悬壁长城，南侧有明土城墙向南延伸越过戈壁连接七千米外的长城第一墩，但该段城墙今天被公路铁路断开。

关内城之上，只见楼阁纵横，飞据凌空。内城墙上四角有方形角楼各一座。角楼，也叫"戍楼"，形如碉堡，是守城士兵值勤的地方，也是关城的固定哨位，居高临下，可以看清关外的敌情。南北城墙的中间，各有敌楼一座，东西与城墙漫道相通，是士兵休息和放置武器的地方。20世纪40年代，北敌楼内有一块玉质碑，人们都叫它"宝碑"，它是由墨绿玉石磨成的，高约30厘米，宽约20厘米。每当天气晴朗的时候，如果让阳光照耀它片刻，它就能够把对面的祁连雪峰连同花鸟、羊群、帐篷、牧民等细物尽数清晰地呈现在碑面上。

4. 城壕

也叫护城河，是罗城四围沿城墙外围修筑的一道壕沟，与长城并行，距长城约50米，目前的城壕宽、深大约都是两米。壕外还有一道一米高的土堰。壕沟、土堰都是为了保护关城而设的。

城壕是嘉峪关长城外围建筑中与其他长城不一样的地方，这主要因为嘉峪关长城与祁连山和黑山的距离比较远，又是建在荒原之上，平地上筑墙，不具备易守难攻的优势。正因为没有险峻的地势，守军才特意在平地上挖壕，以此作为保护长城的第一道屏障。从嘉峪关壕沟里出土的铁蒺藜证明了这一点。至此，经过数代人一百多年不懈的努力，一个地理位置不够优越，却暗藏玄机的、有着比较完善防御体系的嘉峪关，在荒原上建成了。

但无论多么完备的防守体系都要以坚固的防御工事为基础。像嘉峪关长城这样一座黄土夯筑的城墙能抵挡得住投石机（攻城用的）的重创吗？

传说，当时筑城用的黄土，都是经过特殊筛选的，筛选后还要放在青石板上，让烈日烤晒，将草籽晒死，以确定不会有植物生长。为了增强黏结力，还要再掺入丝麻和灰浆混拌，有的甚至还要掺入糯米浆夯筑。修筑工程结束后，要进行严格的验收：在一定的距离外，用箭射墙，如果箭头射入了夯土墙，就要返工重筑，直到箭头碰壁落地，才证明坚固合格。而且为了保证工程的质量，还采用了"工牌"。所谓的"工牌"就是一块记录修建长城时分段施工的队伍和队伍中的一些人的姓名的石牌，这些工牌被埋在这些人建筑的长城下面，如果工程的质量出了问题，挖出工牌就能够找到相关的施工人员进而追究其责任。这样严格的建造制度使得嘉峪关的坚固程度不亚于石质关隘，甚至更坚固，嘉峪关也因此得到了"版筑甚坚，锄镢不能入"（《肃州新志》记载）的评价。

为了严格控制出入嘉峪关的往来人员，当时人们还特别使用一种出入关的凭证——"关照"。它是一块木制的牌子，最上端有两个醒目的大字——关照。据专家考证，古时的"关照"作用等同于今天人们使用的"护照"，都是用来证明持照人具有出入关卡的合法资格的凭据，是当时的客商行旅们出入嘉峪关时必须持有的证件。有关历史学家考证，明代的嘉峪关正是"关照"最初开始使用的地点。今天人们常说的"请多多关照"一词的原意正是来源于此。

赢得战争的关键在于最大限度杀伤敌人的同时保留己方精锐力量，而不是战争中一城一地的得失。嘉峪关长城虽然在长城中不是最险要、最雄伟的，却能够赢得"天下第一雄关"美誉，就是凭借它近乎完美的防御体系和精巧设计，

使所有妄图挑起战争的敌人望而却步。所以，自嘉峪关建成以来的几百年里，这里从没有发生过大规模的战争。

（三）关内附属建筑

嘉峪关城从开始建筑时起就一直在陆续地兴建娱乐设施，不过现存的已经不多。官井、文昌阁、关帝庙和戏台算是保存得比较好的。

1. 官井

在关城中心略偏西北方向，是供驻守官兵及军马饮水使用的，明代建关时开凿。井上建有一座木制彩绘井亭，装有木制辘轳。相传，官井与关外九眼泉相通。曾有人做

过这样的实验：抓一把麸子，抛扔在井里，一些天以后，麸子就会从九眼泉里冒出来。

2. 文昌阁

又称文昌殿，位于东瓮城外，明代时建造，清道光二年时（1822年）重新修建。建筑面积一百多平方米，楼阁是两层两檐歇山顶式建筑，上层内为面宽三间、进深二间的官厅，四周立红漆明柱十八根，四周有廊，上层有花格门窗，花格门窗的顶部绘有彩画，上部绘有山水人物彩画八十余幅。底层回廊环绕，有木梯可以登楼。中间有一宽阔门洞，两侧各有砖垒小房一间。文昌阁在明清时是文人墨客会友、吟诗作画、读书的场所，清代末年成为文官办公的地方。

3. 关帝庙

东瓮城外关帝庙是关城附近最大的建筑物，据说是当年怕守城官兵寂寞而设的文娱中心。它在东瓮城西墙一米远的地方，总面积720平方米，庙内有一座大殿，两座陪殿，还有刀房、过厅、马房和牌楼等等，坐北向南，属于明代建筑，明末清初从内城迁到现在的位置，以后经过多次修缮，最后一次重修是嘉峪关游击将军熊敏谦主持的。经过历史的风霜，关帝庙还是留下了历史的印记，不过牌楼至今保存完好。1998年，由嘉峪关关城文管所自筹资金70万元对关帝庙进行了重新修复，对牌楼进行了彩绘，使关帝庙恢复了明清时的风采。

4. 戏台

位于关帝庙对面，坐南向北，是清乾隆五十七年（1792年）嘉峪关的一个游击将军主持修建的。样式完全依照中国传统的古典戏台，前后台由木制屏风隔开，顶部是传统的"八卦图"，屏风正中央是"八仙"人物图，楼内两侧墙上绘有彩画，戏台两侧的砖砌屏风上面写有对联："离合悲欢演往事，愚贤忠佞认当场。"这副对联被认是为戏台对联中的佳作，因为它高度概括了古往今来人间世事的演绎变化及戏曲演出场所的功能作用。

三、嘉峪关的历史文化遗产

嘉峪关作为一座比山海关建关还要早的一座关隘，有着非常悠久的历史，为我们留下了丰富的历史文化遗产。其中比较知名的有游击将军府、长城第一墩、悬壁长城，还有著名的魏晋古墓砖画和黑山岩画，这些都为我们研究嘉峪关古时的政治、经济、文化等提供了极其丰富翔实的资料。

（一）游击将军府

游击将军府，也称游击署、游击衙门，占地面积是 1755 平方米，建筑面积 808 平方米。最初，因为总督王崇古认为嘉峪关三面临戎，势若孤悬，宜设守防御，所以在明隆庆二年（1568 年)建了这座游击将军府，从此在嘉峪关开始派人守卫，并在关上驻守官兵千人左右。开始时人们把它叫做守备司，后来才改叫游击将军府，当时属于肃州兵备道的管辖范围，现在的建筑是 1987 年在原建筑的基础上恢复修建的，为两院三厅四合院式，在内城中，靠北墙，属于歇山顶式建筑，三进两院，带陪房，红漆柱，古色古香。游击将军府是当时的军政指挥机关，明清两代也是镇守嘉峪关的游击将军处理军机政务的场所。实际上，游击将军府不但充当了嘉峪关长城防御体系指挥中心的角色，而且也是朝廷统治地方、检查商旅使者往来、联系西域和中亚及各少数民族的枢纽机关。从明到清，嘉峪关的历任军事首领都住在这里。据《重修肃州新志》载，曾经在嘉峪关驻守过的官员有十九位之多：芮宁、查勇、刘利恒、程凤坡、何杏、马吉祥、张裕庆、陈子简、徐廷文、钱昆墀、张开禧、赵廷时、张怀、李根润、贺天喜、孙朝捷、候攀柱、赵起鹏。

目前，游击将军府根据历史史料，以现有建筑为框架，以超级写实主义雕塑（高分子仿真雕塑）为主要形式，深入细致地复原展现了嘉峪关游击将军的生活轨

迹。整个陈列从人物生活入手，注重还原表现人物的真实生活状况，内容科学严谨准确，高分子仿真人物栩栩如生，使人有身临其境之感。按照生活重心的不同，现有陈列主要分为两个部分：前院以议事厅为中心，着重展示古代游击将军及文武官员指挥御敌、签发关文等情景；后院是游击将军及其家眷生活的场所，生动形象地表现了游击将军及其家眷的生活场

面。陈列形式既朴实又不失观赏性和趣味性，已经成为参观、游览嘉峪关的一处亮点。

（二）长城第一墩

明代，嘉峪关管辖着"腹里、沿边、境外墩台三十九座"，这些墩台纵横交织、相互瞭望、互通情报。其中，有一座墩台北距关城7.5公里，矗立于讨赖河边近八十米高的悬崖之上，可谓"天下第一险墩矣"，它就是明代万里长城从西向东的第一座墩台，是明代长城的西端起点，长城第一墩——讨赖河墩。长城第一墩是在1539年由肃州兵备道李涵监督筑建的，是嘉峪关长城防御体系的重要组成部分，负责传递关南及祁连山等处军事信息的任务。这里配备有一定数量的守兵，还有坞、驿马、驿驼、食宿、积薪等物品。这里也曾经伴随着雄伟壮观的嘉峪关演绎过许多神奇的故事，有一首诗这样形容长城第一墩："清流讨赖临危壁，大岭祁连断战氛。铠甲冰河闻拆斗，旌旗旭日舞鹏鲲。"

这里现已成为嘉峪关重要的旅游景点——以长城文化和丝绸之路文化为内涵，以戈壁风光和西北民俗风情为基础，集观光、探险、休闲、娱乐、怀古游学于一体。景区面积约3.22平方公里，包括长城第一墩、综合服务区、讨赖河滑索、讨赖客栈、天险吊桥、"醉卧沙场"雕塑群、"中华龙林"等内容。还有壮丽的自然景观：滔滔东去的讨赖河水朝阳里宛若银练飞舞在戈壁之上，夕阳下又如飞龙游走于山涧之中；祁连山峰"四时大雪，千古不消，凝华积素，争奇献秀，氤氲郁葱，凌空万仞，望之如堆琼垒玉"。

嘉峪关

（三） 悬壁长城

　　悬壁长城位于嘉峪关关城北 8 公里左右石关峡谷北侧的黑山北坡，为南北走向，城墙陡峭直长，气势雄伟，垂若悬臂，属嘉峪关军事防御体系的一部分。明嘉靖年间由肃州兵备道李涵监督筑建。是片石夹土墙，原长 1500 米，现仅存 750 米，其中有 231 米的黄土夯筑城墙攀缘在高 150 米、倾斜度为 45° 的山脊上，宛如倒挂的长城，铁壁悬空，从山上陡跌而下，封锁了石关峡口，因而得名 "悬壁长城"。从城墙顶向上攀登，平坦处如履平地，陡峻处如攀绝壁，颇似北京八达岭长城，故有 "西部八达岭" 之称。有诗称赞它说："万里长城万里关，迭障黑山暗壁悬。"在黑山峡的南面还有一处断臂长城，东西走向，这两条长城形成拱卫之势，共同扼守黑山峡口。

　　石关峡悬壁长城现已成为嘉峪关市以古丝绸之路文化和长城文化为主题的重要文物景区。景区主要分为四大功能区：石关峡古丝路文化长廊区、悬壁长城军事防御体系区、休闲度假区、管理区。石关峡古丝路文化长廊区贯穿整个景区，建有 "丝绸古道" 雕塑群，雕刻了中国古代在嘉峪关地区有过记载的张骞、霍去病、班超、玄奘、马可·波罗、林则徐、左宗棠七位主要历史人物造像和其他一些内容。悬壁长城军事防御体系区有悬壁长城、水门和古代兵器展览等内容。水门为三层仿古式建筑，长 48 米，高 13 米，占地面积为 345.6 平方米。新建的由黄土片石夹沙夯筑而成的全长 158 米的长城就是悬壁长城与水门之间的这段长城。休闲度假区其实就是长城北侧绿化区域和景区入口的小广场。管理区主要指长城南侧的管理中心、公共卫生间、广场、停车场等旅游服务设施。其中，管理中心为一层占地面积 603 平方米的四合院式仿古建筑。

（四） 古墓葬文化——魏晋墓室壁画

　　在嘉峪关市城东北二十公里左右处的新城乡戈壁滩上，有一个分布长

达二十公里一千七百多座的古墓群。经过
对部分墓室的发掘，文物专家考证认为这
些墓葬为魏晋时期的古墓群，被定为国家
一级文物保护点。而更让人惊叹的是，这
个大型古墓群的墓室壁砖上刻着一幅幅生
动的墓室砖画，就像是一个埋藏在地下的
画廊，素有"地下画廊"之称。

目前这些墓葬已经发掘了很多。新城
墓葬建筑比较特别，墓葬由墓道、墓门、门楼、前室、中室、后室、甬道、耳
室、壁龛等组成。建筑用砖类型也比较多，有印纹方形砖、长方形砖、雕刻砖、
画像砖等。条形砖是用来叠砌拱券形墓门用的，券顶以上也采用条形砖叠造门
楼；雕刻砖用来嵌砌门楼墙面的斗拱、人物、兽首等造型。画像砖以其丰富的
内容，简洁质朴的画法，描绘了墓室主人生前的生活情状。

嘉峪关魏晋墓遗存砖画六百多幅，形式多为一砖一画、半砖一画或几块砖
组成的连环画。壁画以线造型，用毛笔的中锋画成，线条凝练，运笔奔腾流畅，
多用富有弹性的圆弧线，运动感很强。而且在描绘不同对象时能够采用顿挫、
粗细、快慢、刚柔等不同的笔法。技法上信笔挥洒、画风奔放，用色以赭石与
红色为主，热烈明快，构成砖画朴实粗犷、简练的艺术风格。画面质朴，情节
生动，有浓厚的生活气息。

这些砖画题材广泛，内容包括牧畜、农耕、兵屯、狩猎、营垒、出行、驿
传、宴乐、舞蹈等，有犁地、播种、耙地、扬场等一系列的农业生产活动的描
述、有牧民扬鞭策马放牧狩猎的场景、有妇女儿童提着筐笼采桑的场面，这类
表现劳动人民各种生产活动的砖画在壁画中占了大量篇幅。还有以杀鸡、杀猪、
宰牛、进食等描绘奴婢们所从事各种杂役的画面的；描绘墓主人奢侈豪华的享
乐生活，如墓主人的宴饮和伎乐的歌舞演奏、墓主人前呼后拥的出行场面以及
表现豪门士族的各种狩猎情景等；反映魏晋时期军队屯田的情况，用以表现当
地军队的军事生活。所以，嘉峪关魏晋壁画所反映的生活面很广，题材非常丰
富，包括政治、经济、文化、阶级关系、民族关系等方面，是我们研究当时社
会形态的珍贵形象资料。

嘉峪关魏晋壁画取材全部是现实生活，具有浓郁的生活气息和强烈的风俗

嘉
峪
关

特征。这里出现了中国历史上最早描绘市井生活情节的连环画，其中描绘古丝绸之路繁忙景象的《驿使图》成为中国邮政的标志图案。这些壁画继承了深沉伟大的汉代传统，有着朴实豪放的艺术风格和写实手法，用高度概括的艺术手法，摄取生活中动人的瞬息即逝的典型情节，不是繁琐地照抄生活，而是将主题无关的部分大胆地删略，简明扼要地突出最主要的部分。

嘉峪关魏晋壁画有大幅和小幅之分，大幅壁画数量很少。大小幅壁画除了大小上的不同之外，在底料和色彩的使用上有很大的不同。大幅壁画是在几块砖面上用筛过的黄土掺和少许胶性物质抹平作底，而小幅壁画是在一块(少量在半块)砖面上用刷得极薄的含胶白的土作底；大幅壁画用土红色起稿，再用墨线勾勒定稿，然后用石黄、白、朱红、粉黄、灰、浅褐着色施彩，小幅壁画用色较单纯，以墨、赭石和朱红为主，作画过程与大幅壁画相同。这些墓中的壁画，大都一幅只表现一个内容。也有一部分类似现在的长卷横幅画，在一排砖面上连续作画组成一个完整的内容。

这批墓室壁砖画的惊现，弥补了古代文献记录的不足，真实再现了魏晋时期河西地区的政治、经济、军事、文化和民俗生活，是研究魏晋时期西北地区的政治、经济、文化、民族、民俗等的实物资料，其中绘画方面的内容，在美术领域填补了我国魏晋时期绘画史上的空白。

（五）黑山岩画

在嘉峪关西北有一条长约十公里的峡谷——黑山峡谷，这里曾经是古丝绸之路的交通要道，也是中国丝绸古道兴亡更替的见证。峡内南北两山对峙，山势陡峭，怪石嶙峋，在两侧的悬崖上，古代先民留下了一百五十三处岩画。这些岩画是我国西北地区的摩崖浅石刻画，其时代为战国，是我国北方地区时代最早、距离城市最近的岩画，是遗留在嘉峪关地区悬崖峭壁上的古代游牧民族的艺术珍品。岩画技法简练、内容丰

富、题材广泛，有动物、狩猎、舞蹈、操练、庙宇、古文字等。专家们考察后认为，黑山岩画是这里的先民们描绘在崖石上的史书，具有明显的地域特点，它为研究古代河西地区的生态环境、先民的生存活动和历史文化提供了重要资料。甘肃省人民政府已经

把这里定为省级文物保护单位，也是嘉峪关的一处重要的文物古迹。

黑山岩画以狩猎为主题的图案，占了半数以上。黑山岩画的狩猎图，有一个奇怪的共同特点，就是人和动物的比例明显失调，动物显得非常高大，而人则异常渺小，有人解释说这是因为当时人口还是很少，人总觉得自己处在狼、老虎、豹子这些猛兽的包围之中，危机四伏，缺乏自信。还有人说这是因为当时人们以动物为食，这反映了他们的生活方式。但令人意想不到的是，这些画面中还有老虎和蟒蛇的图案，有人认为这是图腾崇拜，也有人说很多很多年前这里不像现在这样植被稀少、气候干燥，是适合生存这样的动物的。还有一种说法是在这里生活过的民族比较杂，所以很可能是外来民族画上去的。

黑山岩画的舞蹈图，主题多样，内涵丰富，有祭祀的，有娱乐的，还有表现生殖崇拜的。在四道股形沟沟谷右侧距离沟底 3.5 米的一块突出崖壁上有一幅巨型舞蹈图，是黑山岩画中最大的一幅，高 1.28 米，宽 1.14 米。这幅岩画结构非常完整，不仅场面宏大，而且人物众多，整个场景庄严、肃穆，表现的是一种祈祷或者一种巫事形式。总共有 32 个人物，分三个段落，以不同形式来表现，有领舞、伴舞和群舞的，它表明人物身份、地位都不一样。人物的形态也各异：有双手叉腰的，有单臂独舞的，而且在这个画面上，还有一个人像巫师一样跪在地上，场面宏大。

嘉峪关

四、嘉峪关的传说

嘉峪关的修建，花费了大量人力物力，在古时简陋的建筑条件下，能建起如此雄伟的关城，是很不简单的，也正因为如此，才演绎出一段段动人的传说。

（一）定城砖

嘉峪关内，在西瓮城门楼的阳台上，放着一块青灰色的石砖——人们称之为定城砖。关于定城砖的传说可以说是嘉峪关传说中流传最广的，而且有很多个版本，涉及的人物姓名也有些出入，但不论是哪个版本，颂扬的都是劳动人们的智慧。

传说嘉峪山下有个叫易开占的有名的瓦匠。一天他正在劈柴，他的徒弟跑来告诉他，皇上要在这里建关城修长城了。易开占听了很高兴，他徒弟又告诉他到现在皇榜还没有人揭，易开占更高兴了，就带着他的徒弟来到城隍庙。只见榜前人山人海，人们议论纷纷、跃跃欲试，但就是没有人揭。原来，负责修建长城的李端澄手下有一个叫卢福的官员，一心想靠独揽这项工程发横财，因此整日守在榜下，所有要揭榜的人都遭到他的恐吓。听到这些，易开占径直走了过去："这榜我揭了。"说着就把榜撕了下来。卢福气坏了，看着面前这个其貌不扬的老头，厉声喝道："大胆老头，竟敢撕掉皇榜？"易开占说道："这工程我包了，我自己设计，自己伐木，自己运料……"这时卢福脸都气白了，有意刁难地问道："你说整个工程要多少砖？"易开占随口说："九十九万九千九百九十九块。"卢福紧接着问道："要多出一块或少了一块怎么办？"易开占说："甘愿受罚。"

不到一年，工程就竣工了。有人发现多出了一块砖，正不知道怎么办的时候，易开占过来了，他顺手就把砖放在瓮城门后檐上。这时卢福也赶来了，大笑说："易开占，你的死期到了！"士兵正要上前，易开占不慌不忙地说："你们要干什么？"卢福指着那块砖说："干什么？这是什么？"伸手就要去拿那砖。这时，易开占大喝一声："住手，这是定城砖，砖一拿掉，城就会坍塌。"卢福听了，虽然将信将疑，但也已吓得面如土色，伸出的手僵在那里了……

易开占高高兴兴地给大家发了银子回家去了，卢福从此一病不起，七七四十九天后便死了。

还有人说这个故事是这样的：明朝正德元年（1506 年），明王朝为了加强西北的防御，派兵备道李端澄负责修建嘉峪关的关城以及城楼。负责承修的校尉叫郝空，郝空为人心狠手辣、残暴成性，工匠们稍不如他的意，轻者被罚下牢，重者被剁足砍头。

在修建关城的工匠中有一位师傅，叫易开占，不但技艺高超，而且精通九九算法，这一带的庙宇、楼阁多由他来承揽。他设计的关亭、庙宇造型美观、结构严禁，非常坚固，并且用工用料十分节省、精确，远近驰名。

嘉峪关关城修建工作被易开占承包以后立即开始设计备料，郝空根本不相信他有这么大的本领。一天，郝空神气十足地对易开占说："匠头，人们都说你很有能耐，那么你给我算一下修建此关一共需要多少块砖？"易开占随即答道："我已经算过了，一共需要九十九万九千九百九十九块。"郝空听了冷笑一声说："好！我如数拨给你由你指挥使用。要是多一块或者是少一块我可要定你砍头之罪，并罚众工匠服苦役三年！"易开占当即点头说："行！"

在易开占的带领下，工匠们披星戴月，精工细作，送走了寒冷的冬天，迎来了明媚的春天，经过了数百个日日夜夜的辛勤劳动，终于将关城建成了。举目四望之间，马道横空、楼阁凌空、雕梁画栋、五彩缤纷、简朴崇伟、气势壮观。工匠们看着用自己的心血和汗水凝成的结晶，心里都十分高兴。

不料，正在众工匠举杯庆贺大功告成的当儿，只见一个工匠捧着一块砖朝易开占走了过来，当众给大家浇了一盆冷水。众工匠深深懂得这块砖将会给他们带来什么样的灾祸，有的主张将这块砖埋了，有的主张偷偷带出去扔到草湖里去。谁知，易开占却不慌不忙地接过砖说："不用怕，这块砖有用。"说着，他把这块砖放到西瓮城门楼的后檐台上。

正巧这时候郝空赶来了。他一看到这块砖便得意洋洋地对易开占说："为什么多出了一块砖？记着，明日午时三刻就是你魂断之时。"

易开占面不改色地问道："多出的砖在哪里？"郝空用手指着门楼后檐台上的那块砖嘿嘿冷笑了几声，便要伸手去取。易开占猛地大喊一声："住手！那是定城砖，要是把它搬掉，全城顷刻就会倒塌！"郝空吓得一愣，只好灰溜溜地走开了。

从此，那块砖就一直放在西瓮城门楼的后檐台上，人们都把它叫做"定城砖"。

也有人说这是郝空为故意陷害易开占多加的一块砖。

还有人说，这块砖是为了纪念一个叫崔伏的能工巧匠——他用料十分精准，关城修建完毕时只剩下最后一块砖，人们便把它陈列在这里作为永久的纪念。

（二）击石燕鸣

相传，古时有一对燕子筑巢于嘉峪关柔远门内。每天黎明，两只燕子飞出关觅食，傍晚时，一同飞回巢内休息，形影不离。一天，两只燕子同以前一样一同出关觅食，日暮时分一同飞回。不过，当两只燕子飞到嘉峪关城门时，突然狂风大作、飞沙走石、天昏地暗，在前的雌燕先飞入关内，等到雄燕飞回，关门已闭，不能入关，遂悲鸣触墙而死，为此雌燕悲痛欲绝，不时发出"啾啾"燕鸣声，召唤雄燕归来，一直悲鸣到死。死后其灵不散，每到有人以石击墙，

就发出"啾啾"燕鸣声，向人倾诉。也有人说是因为雌燕听到响动以为是雄燕回来了，以"啾啾"声表示迎接。古时，人们把在嘉峪关内听到燕鸣声视为吉祥之声，将军出关征战时，夫人就击墙祈祝，后来发展到将士出关前，带着眷属子女，一起到墙角击墙祈祝，以至于形成一种风俗。

还有一个关于击石后会听到啾啾鸟鸣

的传说是百鸟撞雄关。

据说嘉峪关关城修好后，关门朝起暮闭制度非常严格。关闭之后别说是人，连鸟也飞不过去。相传在关城上住着一位救苦救难的观音菩萨，她有着慈母般的善良心肠，时刻关注着老百姓的疾苦。有一年关外的一边土地上发生了虫灾，铺天盖地而来的蝗虫正在啃食禾苗，这犹如啃食老百姓的心啊，百姓们一面扑打一面大声疾呼求救。为了搭救受苦受难的百姓，她立即派遣百鸟前去救灾，百鸟遵照观世音菩萨的旨意，前往灾区奋力协助百姓们捕捉蝗虫，经过一天的奋战，蝗虫捕完了，它们拖着疲倦的身体往回飞，飞到关城跟前时太阳落山了，城门按时关闭。百鸟被关在门外，一气之下，鸣叫着向关墙上叩撞。今天关墙上的斑斑痕迹，据说就是那时候留下来的，每当刮大风的时候，飞沙走石碰击到关墙上就会听到啾啾的鸟叫声。

以上传说当然是不可信的。要考察击石燕鸣的原因，应先从此段城墙的构造说起。击石燕鸣墙由城东光化楼北墙和城东墙的马道墙结合而成，由于两墙身底宽上窄的特点，其相接处恰成 90° 夹角，且墙面由下而上向外形成一定坡度，因而就使这里成为一个底小上大，状似喇叭的特殊三角形地带，又由于人们所站的位置与墙壁的距离不等，所以以石击墙或两石相击就会发出连续的啾鸣的回音。这回音由快变慢、由低向高最后隐约消失在空中，使人们感到似有燕子啾啾的鸣声。它所以发出鸣声是由于这个喇叭的形状形成的，这就是石击发出燕鸣般回声产生的原因。

（三）冰道运石

在修建嘉峪关城时，需要成千上万块长 2 米、宽 0.5 米、厚 0.3 米的石条，工匠们在黑山峡的鼓心沟将这些基石凿好，但由于太重了，运输极其不便，大伙非常着急，因为要在十天之内将这些石条运到嘉峪山上，否则就要被斩首。大家只有拼了命地往外运石，十天很快就过去了，大家日夜兼程也才只运出了三十块。

负责修建长城的官员暴跳如雷，当即就把领工的人抓去斩首了。剩下的人害怕极了，不过仍然没有办法。负责的官员又下了最后的通牒：十天之内必须把剩下的石材运出，到时候如果运不出就要所有石匠的脑袋。石匠们一听立刻乱作一团，大家都不知道怎么办才好，有人出主意说要不就拼死一搏吧，于是纷纷拿工具准备拼命。

众石匠刚要去，在门口撞见了一个胖和尚，只听和尚说："阿弥陀佛！看你们满脸杀气，要去做什么？"石匠们就把事情和盘托出。和尚听了，说道："大家不要焦躁，你们这样去只有死路一条，你们几个石匠怎么可能是那么多士兵的对手呢！"石匠们听了纷纷泄了气，"难道我们只能等死了？"众石匠纷纷求和尚救救他们，这时和尚说道："大家不要着急，这件事交给我来办吧。"然后将他们一一扶起说："眼下正要入冬了，我们只要把沿途泼上水就会形成一条冰道，黑山高嘉峪山低，只要把石条沿着冰道下滑就会滑到嘉峪山上。"大伙一听马上明白了，立刻开始泼冰道，结果很快就运完了。石匠们为了感激和尚的帮忙，在关城附近修建庙宇，供奉神位，此后的工匠们出师后都要到那里参拜。

（四） 山羊驮砖

在嘉峪关的修建过程中，遇到了很多的困难，除了上面提到的石材的运输问题外，工匠们是如何把数目如此之大的砖运到高九米的城墙上的呢？关于这件事也有一个传说。

当年在嘉峪山上建关，技术设备十分落后，没有专门的运输设备，要将这

些砖运到九米高的城墙上非常艰难，尤其对于嘉峪山的崎岖险峻地段，人们自己空手攀登都不容易，更不要说是背负二十公斤重的一块大砖了。为了尽快完工，官府四处抓人，弄得民怨四起。

一天，这些官兵正在大街上抓人，迎面撞见一个青年搀着一个中

年妇人过来。官兵们绑起他就走，他娘拉住他不放，哭出了血泪，围观的人都不忍心再看下去了。这时从人群里走出来一个眉清目秀的汉子，就听他对官兵说："放了他们两个，我替他去。运砖的事也包给我了。"官兵们不屑地说："你运，你运得完吗？"汉子回答说："十天期限内肯定能完成，如果不能拿我是问好了。"于是官兵就把他带走了。在

场的人都为汉子的义举感动，也为他捏了一把汗。就这样过了一天，没有什么动静，青年不放心就去看他，问他关于运砖的事，汉子笑笑说："我正要找你呢，有事情麻烦你。"青年说："有事您尽管开口，一定办到。"汉子说："八天内请帮我做十万根草绳。"青年满口答应，然后回去准备了。青年发动所有的乡亲们帮忙只用了五天就把草绳搓好了。然后他带着很多乡亲过来找汉子，希望大家都帮忙尽量帮汉子躲过危机，汉子却只是笑笑说："不忙不忙。"又过了两天，青年又领着乡亲过来问情况，汉子感激地望着大伙，不过还只是笑笑说："不忙不忙。"然后又补了一句："麻烦大家后天的时候把各村的羊都赶到砖窑去，越多越好。"

对于大家来说这不是什么难事，这地方就是羊多。到了第十天的早上，大家都赶着羊到砖窑集合，足有十万。汉子说："大家把绳子取来，像我这样把砖拴在绳子的两端，挂在山羊角上，然后赶上去就是了。"大家这才明白了汉子的用意，都夸他聪明。就这样，汉子完成了任务。

这就是关于山羊驼砖的传说。也有人传说是因为关城高，马道的坡度大，人工搬运很困难，施工时的砖总是供应不上，一个牧羊的小孩儿灵机一动想出了这个高招。不管怎么样，劳动人民运用自己的智慧克服了又一个难题。

（五）嘉峪山

1. 姐妹山

嘉峪关建在包括两座大山的嘉峪山上，南面是白雪皑皑祁连山，就是南山；北面是乌黑油亮的黑山，就是北山。传说这两座山原来是一对孪生姐妹，像雪山上的一对并蒂雪莲，长得一样窈窕，生得一样俊俏，个头也一般高。大家都分不出她们之间的高下，甚至连玉皇大帝也不能。无论是谁见了这对姐妹花都忍不住要夸赞几句。不过这两个姐妹的品性不一样，北山爱嫉妒、心胸狭窄，南山善良敦厚。每当北山听见别人同时夸她们姐妹俩，心里就特别不舒服，她希望自己比南山强，希望有一天人们只夸她一个人。于是她终于想出来一个主意——和南山订立盟约：她们两个以后只准白天长，夜里谁都不准长。南山为人诚实敦厚，怎么也不会想到这是北山耍的花招儿，于是她便信守诺言，只白天长，晚上不长。北山看见南山遵守约定，中了自己的诡计，便暗自高兴。白天晚上拼命地长，这样，在不到一个月的时间里，她竟比南山高出了一半。这件事山神看在眼里，很为南山不平，不过也无可奈何，就把这件事告诉了玉皇大帝。玉皇大帝听了十分震怒，他没想到北山会这么做，一气之下就派火德真君擎起三昧真火，烧了北山九九八十一天，烧得北山焦头烂额，日夜嚎叫，十分凄惨。南山开始时对北山的行为也十分愤慨，可当她看到北山遭到如此的惩罚时，便起了怜悯之心，她实在不忍心让北山这么痛苦，于是就跑去哀求玉帝饶了北山，玉帝没有答应，南山就天天去哀求，从地上一步一个头地磕到天上，一直坚持了七七四十九天，玉帝终于被南山这种诚心所感动，决定停止对北山的惩罚，于是他便用手指在地上划了一下，顿时出现了一条奔流不息的大河。玉帝说："这是你用诚心讨来的河，支配权归你，你可以用这河里的水把北山的火扑灭。"这条河也因此取名叫讨赖（讨来）河。南山虽然帮忙灭了北山的火，可是北山却因为被烧得焦石遍野，已失掉了灵气，以致草木都不能生长了。南山为了表示对北山的悼念，便终年头顶白纱（冰雪）。

2. 龟盖山

在很久以前，河西走廊中段的荒原上有一条北大河，它是从祁连山流下来的雪水不断汇合而形成的，河西走廊中段的人们也都指望着北大河的水浇灌田地，借以养活自己。有一天，一个叫季志的小牧童正在荒原上放羊，迎头碰上一个身上背一袋子沙石的古怪老头儿，问他去北大河怎么走。季志见老头长得贼眉鼠眼，肯定没安什么好心，便装作很敬重的样子，深深一躬施了一礼说："就在前面，一直走转一道沟就能看见了，不知您老到那里有什么事？"老头没说话，然后仔细端详了季志半天，觉得季志很憨厚，就对他说："这北大河原来是我的家，后来被一群百姓抢去，我这次来要用这袋沙石堵住北大河，好替自己报仇。"牧童听后非常气愤，如果北大河被堵的话，水流不过去，下游成片成片的庄稼就要旱死，人们也就没法活下去了，再说他也觉得这个老头有点夸大其词，于是立刻顶撞说："别说你用一袋沙石，就是把北边的整座大山搬来，也别想把北大河堵死。"那老头儿也

是一个急脾气，一听这话就气炸了，立刻将这袋沙石向左右撒开，荒原上就突然多起许多丘陵和一座大山，据说这座大山就是现在的嘉峪山。原来这个怪老头儿是龟精变的，这时他又口念咒语，企图推倒嘉峪山来封堵北大河。就在这时，突然电闪雷鸣，狂风大作，原来是玉皇大帝派雷神来了，雷神一下就把那老头儿劈死了。在他死的地方，立即隆起了一个形状如龟的山包，就是现在的"龟盖山"了。

嘉峪关

（六）晒经石

嘉峪关附近的黑石山上本应该都是黑石，但是却有一块特别洁白的大石头——晒经石。传说这是玄奘晾经的地方，不过这与电视剧《西游记》中晒经的情节不一致，不是老海龟误导他们落水所致。传说的情节是这样的：唐僧师徒四人历尽千辛万苦取经回来，走过火焰山、疏勒河，来到河西走廊。这天天气特别的热，一望无际的戈壁滩热浪灼人，四人焦渴难耐，猪八戒实在受不了了，犯了毛病，便苦苦地哀求师父道："这天太热了，师父，我们还是歇歇再走吧，师父。"唐僧道："八戒，赶路要紧，坚持一下吧。"八戒嘟嘟囔囔地表示不满，一边走一边看天，絮絮叨叨地说："要是能下场雨就好了。"话音刚落，立即狂风大作，乌云密布，不一会儿就下起了倾盆大雨，四人都被淋成了落汤鸡，经卷也都淋湿了。天晴后，玄奘急忙派悟空去附近找可以晒经的地方。悟空发现前面不远处有一座黑油油的黑石山，山上石多，很适合晒经。唐僧挑

中一块黑油油的大石头说："这块石头正是晾经的好地方，你们赶快打开经卷摊开晾晒。"很快，经卷就晒干了，师徒四人急忙收拾经卷，准备赶路。不料有几张紧紧粘在石头之上，怎么揭也揭不下来。把唐僧心疼得一直埋怨八戒，八戒还振振有词，"我哪有那呼风唤雨的本事啊，谁知道说说就真的下了。"不过也没办法。不久，这块晾晒过经卷的黑石突然变成白色。以后，人们便把这块洁白如玉的石头称为"晾经石"。从此，这个民间传说也就流传开了。

（七）左公柳

东闸门外，有一棵枝叶繁茂的大古柳，叫"左公柳"。相传是左宗棠督办新疆军务路过时植的，为了纪念左宗棠为嘉峪关所做的绿化工作而得名。

关于它的传说是这样的：清朝同治年间，左宗棠奉命率领军队去平息动乱，当他来到嘉峪关时，看到的是一片荒凉的戈壁滩，不由得感慨万分。茫茫戈壁

除了稀稀疏疏的骆驼草外，就什么也见不到了。左宗棠所率领的队伍中大多数都是湖湘子弟，他们被迫远离山清水秀的家乡，来到这茫茫的不毛之地，大家都感觉到非常不适应，陆续开了小差。左宗棠见此情况，内心十分焦急，为了改善这里的状况，也为了稳定军心，他立即采取了一系列措施：命令全体将士加宽道路，并在路旁大量植树，为保证树木的成活，他还制定了严格的法令。若干年后，这一带已经杨柳成荫、树木成行了。后来有个文人曾在一棵柳树上刻下这样一首诗专门描述这件事："大将筹边未肯还，湖湘子弟满天山。新栽杨柳三千里，引得春风度玉关。"人们传说嘉峪关关城附近的这棵古柳就是那时所栽，因此，被称为"左公柳"。

五、今天的嘉峪关

嘉峪关旅游资源以嘉峪关关城、魏晋壁画墓、万里长城第一墩、悬壁长城、长城博物馆、黑山岩画等最为著名。嘉峪关位于古丝绸之路的中段，是明代万里长城的西起点。它南依祁连山，北望马鬃山，长城连接两山，使嘉峪关雄踞东西咽喉要道，成为天下雄关。嘉峪关周围古迹众多，名胜林立，敦煌莫高窟、嘉峪关城楼、悬壁长城、七一冰川、魏晋墓等驰名中外，加之当地的夜光杯、大板瓜子、驼绒等土特工艺产品，使嘉峪关又成为重要的旅游胜地。

今天的嘉峪关军事意义已经淡化，而更多的是一种历史文化和名胜古迹的姿态呈现在人们面前。嘉峪关也已不再像以前那么孤独，1965 年已以关名建市。

嘉峪关

(一)嘉峪关景区

嘉峪关地处古"丝绸之路"的交通要冲，又是明代万里长城的西端起点。所以，丝路文化和长城文化在这里融为一体、交相辉映。这里有雄伟壮观的汉代和明代万里长城、嘉峪关关城、长城第一墩、悬壁长城，以及展现古代游牧民族社会生活的黑山岩画、魏晋墓地下画廊等人文古迹；有亚洲距城市最近的七一冰川及祁连积雪、瀚海蜃楼等独具特色的西部风光；有博大精深的中国第一座"长城博物馆"和被誉为世界三大滑翔基地之一的嘉峪关国际滑翔基地；有西北民俗风情旅游和讨赖河大峡谷探险、沙漠探险、花海魔鬼城探险等具有西部情调的探险旅游胜地；有乾圆山庄、新城草湖等休闲度假的好去处；此外还有石关峡、黑山湖等多处正在开发的旅游资源。人生有起有落，然而几经朝代的变迁，嘉峪关却至今一直位居咽喉，固若金汤，也协同当地特色边疆文化构成了丰富多彩的人文与自然旅游资源。

1. 嘉峪关长城博物馆

嘉峪关长城博物馆是我国第一座以长城历史文化为专题的博物馆。原馆在嘉峪关市新华南路西侧，1989年10月正式开馆。新馆坐落在嘉峪关文物景区，建成于2003年5月1日。

长城博物馆主体建筑外形呈烽火台式，文物陈展按照国家二类甲级博物馆的标准实施，充分应用了声、光、电等现代科技手法，配置了语音同声翻译系统、自动监控系统、自动恒温系统、自动消防报警系统、游客查询系统等国内较为先进的设施，在甘肃省内博物馆中属领先水平。

馆内设7个展厅，以"伟大的长城"基本陈列为主体，包括"春秋、战国长城""秦、汉长城""北魏、隋、唐、辽、金长城""明长城"四部分内容。以时间为轴展现了我国长城的发展历程，也展示了从长城初建一直到现在中国史学界、文物考古界对长城的研究成果，使我们能够在较短的时间内对长城有一个整体的了解，也为长城研究的爱好者提供了大量的资料。

馆中还陈列着包括"纵横万里、雄峙千年""金戈铁马、边塞烽烟""长河落日、丝路花雨""北漠尘清、山河形胜"四个单元的"中华之魂"长城历史文化陈列，陈展总面积2700平方米。"纵横万里、雄峙千年"的主题是中国长城的历史沿革，它采用了光电方式表现了中国历代长城的分布状况和修建特点。"铁马金戈、边塞烽烟"的主题是对中国古代长城战争的高度概括，详尽地介绍了长城严格的戍守和防御制度。"长城落日、丝路花雨"主要表现河西长城和丝绸之路，介绍这段长城在东西文化交流和商贸往来中的重要地位和作用。"北漠尘清、山河形胜"的展览主题是古今嘉峪关，主要描述嘉峪关的发

展和建筑情况。整体陈列内容体现了学术性、趣味性、互动性的统一，陈列体系形式多样、史料详尽、可视性强，极具艺术品位。

长城博物馆中还陈列着以写意和写实相结合的表现手法展现中国长城主要景观的油画"长城万里图"；再现盛唐时期丝绸之路上中西文化交流盛况的"西出阳关、春风玉门"，以超写实雕塑场景生动地展现了中原

商人"西出阳关"时的依依惜别和
满怀惆怅之情，同时又展现了"春
风玉门"胡商牵驼、情绪高昂、春
风满面的入关之景。

总之，嘉峪关长城博物馆存有
极其丰富的借以了解和研究长城文
化的资料。

2. 七一冰川

七一冰川位于嘉峪关市西南 116 公里处的祁连山腹地，是以发现日期命名
的一座高原冰川。该冰川冰峰海拔 5150 米，冰舌前沿海拔 4300 米，冰层平均
厚度 78 米（最厚处达 120 米），斜挂在坡度小于 45° 的山坡上。七一冰川气候
独特，景色迷人，是开展登山探险、避暑休闲、科考研究等旅游活动的好去处，
也是嘉峪关市旅游资源体系的重要组成部分。

七一冰川是嘉峪关旅游的重要景点之一，旅游区域约 4 平方公里。七一冰
川已经作为"亚洲距离城市最近的可游览冰川"被编入了部分高等院校旅游专
业的教科书。七一冰川的气候条件非常独特，由于冰川海拔较高，天气变化很
丰富，游客登临时常常会遇到阴、晴、雨、雪等天气，所以可能在一日之内经
历四季变化，绝对称得上是一生中难忘的体验。每到夏秋季节，这里的风景也
很独特，冰峰在蓝天丽日下分外晶莹耀眼，周围却是潺潺的溪流和如茵的绿草、
还有鲜花盛开的高山牧场，这样一幅恬静而又充满生机的迷人画卷难得一见。

3. 嘉峪关滑翔基地

嘉峪关滑翔基地位于嘉峪关市东北 12 公里处的民航机场内，是目前世界上
并同于澳大利亚和南非的三大开展滑翔运动的理想场所之一。嘉峪关滑翔基地
占地 6 万多平方米，现有 8 架运动飞机，其中有初教六 5 架、初教五 3 架；10
架滑翔机，包括国产前进号 7 架、进口杨塔尔 2 架、罗马尼亚 28 双座 1 架；此
外，还有蜜蜂飞机 1 架、热气球 2 个，并备有山坡滑翔、山坡伞、高空飞行氧
气设备等。嘉峪关之所以能被选择作为滑翔基地主要是因为这里的上升气流非
常好。嘉峪关由于纬度高，总云量少，日照时间长，太阳辐射强，气温日差较
大易产生热力上升气流；降雨少，湿度小，气候干燥，积云量适中，热力上升
气流强盛，形成早，消失晚，持续时间长达 10 小时以上；基地能见度常在

嘉
峪
关

30—50 公里，可提高飞行地速 30—40 公里／小时。气流达到的高度一般在 4000 米以上，有时可高达 6000 米以上，有利于在高空飞行。同时，平坦而开阔的戈壁滩可供万一找不到上升气流时安全迫降。

除了这些人文的自然景观外，嘉峪关也是一个物华天宝、人杰地灵的地方——具有地方特色的名优土特产品、中药材及旅游纪念品闻名天下。嘉峪关的主要特产是发菜和驼毛，这两者在全国来说虽不以嘉峪关出产的为最出名，但从质量和价格方面来说，同样受到了游客的青睐。嘉峪关地处祁连山脚下、戈壁滩上，气候干燥，适合甘草、锁阳、肉苁蓉、麻黄、车前子、野党参、雪莲等药用价值很高的野生中药材的生长。另外，在嘉峪关市，还可以买到很多当地的旅游工艺品和纪念品，主要有夜光杯、风雨雕、驼绒画、祁连玉雕、嘉峪石砚、文物复制品及反映魏晋时代人文景观的墓砖画等，其中像嘉峪石砚等是当地所特有的。

嘉峪关的地方饮食百味荟萃。代表性的名点小吃有搓鱼面、拉条面、砂锅、馄饨、臊子面、炮仗面、糊锅面筋等，小吃集中在振兴市场美食一条街和镜铁路美食一条街，夏天还在建设东路设有美食夜市。嘉峪关有几十家环境典雅、整洁舒适的餐厅，这些餐厅各具特色，各有拿手好菜，令人赞不绝口。雪山驼掌、戈壁燕影、烤羊腿、黄焖羊肉、红焖羊肉、戈壁雁影、雄关酥、驼蹄羹、东坡肉、灯影玉片、青椒肥肠、油爆驼峰、孜然羊肉、菊花牛鞭、麒麟驼掌、兰发豆腐、茄汁活鱼、松仁玉米及火焰烤羊腿、涮羊肉等等都是当地极富有地方特色的风味佳肴。为了满足客人的消费需求，海鲜也逐渐成为当地地方饮食的重要组成部分，随着交通运输业的发展，这些海鲜保持了色鲜、味美、价廉的优点。

（二）嘉峪关市

嘉峪关市位于河西走廊中段，因有万里长城西起点——天下雄关嘉峪关而得名。这里原来属于酒泉县，1965 年从酒泉县分离出来建嘉峪关市。1971 年定为省辖市，嘉峪关市下辖五一、新华、前进、胜利、建设、镜铁山矿区六个街道办事处，嘉峪关、文殊、新城三个乡，是甘肃省唯一不设区也不下辖县市的地级单位，是我国四个不设区的地级市之一。1982 年被国务院批准为第一批对外开放城市，同时被确定为国家二类重点旅游城市。

嘉峪关市位于甘肃省西北部，河西走廊中部。东连酒泉盆地，临河西重镇酒泉市，距省会兰州 776 公里；西越大草滩，与石油城玉门市接壤，距新疆哈密 650 公里；南靠祁连山，与肃南裕固族自治县毗连，距青海 300 余公里；北枕色如铸铜的黑山，通沙漠，与金塔县、酒泉卫星发射基地和内蒙额济纳旗相连接，中部为酒泉绿洲西缘，总面积 2935 平方公里。全市海拔在 1412—2722 米之间，绿洲分布于海拔 1450—1700 米之间，城市中心海拔 1462 米。境内地势平坦，土地类型多样。城市的中西部多为戈壁，是市区和工业企业所在地；东南、东北为绿洲，是农业区。

工业、旅游业和农业为嘉峪关市经济发展的三大支柱。嘉峪关市实际上是伴随着钢铁工业的发展而建立起来的，素有"西北钢城"之称。全市有乡以上工业企业八十余家，其中有西北地区最大的钢铁联合企业——酒钢公司。酒钢集团公司是集"采、选、烧"到"铁、钢、材"为一体，发电动力、运输机修、科研设计、冶金建筑等辅助生产和服务部门配套齐全的大型联合企业，也是全国 512 户国有大型企业之一。随着钢铁工业的发展，其他各业相应兴建。目前嘉峪关市已形成以冶金工业为主体，化工、电力、建材、机械、轻纺、食品为辅的工业体系。

嘉峪关市也是丝绸古道上重要的旅游城市。除了我们上面提到过的闻名中外的嘉峪关城楼、万里长城第一墩、悬壁长城、长城博物馆、新城魏晋壁画墓、七一冰川、黑山石刻等，嘉峪关市还是中国铁人三项运动训练基地和专业赛场，是国际铁人三项赛和全国汽车场地越野赛重要举办地，有西北一流的体育馆场，是举办国际、国内重大体育赛事的理想城市。

嘉峪关市气候属温带大陆性荒漠型，年温差较大，年平均气温 6℃左右，年降水量 80 多毫米。1 月最冷，绝对最低气温 -28.6℃，7 月最热，绝对最高气温 38℃。无霜期平均 130 天，适于春麦、胡麻、蚕豆、玉米等作物生长，同时

嘉峪关

67

利于瓜菜的培育。近年来，圆葱、西瓜、大蒜等屡获丰产，质地良好，远销14个省市。

今日嘉峪关，不再是"酒家西望玉门道，千山万债皆白草"的荒凉景象，灿烂的旅游资源、绚丽的丝路文化、新型的城郊农业、神奇的自然景观、安定富足的人民生活、快速发展的经济已经是这座城市的主旋律，它已经成为不少人向往和关注的地方。这个融古今文明于一身的城市正在散发着自己的魅力。

紫　荆　关

　　紫荆关，为内长城的重要关隘之一，位于河北省易县城西40千米的紫荆岭上，为河北平原进入太行山的要道之一。有"一夫当关，万夫莫前"之险。被列为太行八陉之第七陉。宋时名金陂关，后因山多紫荆树而改称今名。古人对其地势和军事地位有一段形象描述："南阻盘道之峻，北负拒马之渊，近似浮图为门户，远以宣大为藩篱。一关雄距于中，群险疵于外，规模壮丽，屹然为畿辅保障。"

一、紫荆关概况

中国河北省易县是一个风景秀丽、历史文化底蕴丰厚的古城。在易县县城西约 40 公里的紫荆岭上，坐落着一座历史悠久、地势险要、风景秀丽并承载着丰富历史故事的紫荆关。

紫荆关位处咽喉、地势险要，其周围山有万仞山、犀牛山、黄土岭，水有拒马河；作为长城的一大要塞，紫荆关与要塞盘石口、居庸关，重镇大同、宣化等相连接。拥有"一夫当关，万夫莫前"之险的紫荆关与居庸关、倒马关合称"内三关"，是长城的重要关口之一，并有"畿南第一雄关"之称。

紫荆关始建于战国时期，历经各代战事，几经扩建、修葺，至明代时形成了由 9 座城门、4 座水门、19 处战台，外加 18160.5 米关墙包裹而成的城内有城、墙外有墙的完备的防御体系。

紫荆关依山傍水、地势险峻、易防难攻，历代为兵家必争之地。汉光武帝刘秀曾遣马援出兵迎敌，大败乌桓；元太祖成吉思汗曾取道紫荆关，大败金兵；明末李自成也曾在紫荆关大举战事，攻陷关城；清圣祖康熙帝曾两次西巡至此，并在南天门立"天子阅武处"碑；清光绪年间，八国联军据关东高峰以大炮复攻关城；1926 年，吴佩孚率军

与北伐军战于紫荆关。据不完全统计，在紫荆关发生的战争有一百四十次之多。

紫荆关不仅地势险要，而且风光优美。每逢夏季，气候凉爽，景色怡人，山野开满了紫色的荆花，香风四溢、蜂蝶飞舞，"荆关紫气"成为"西陵八景"和"易州十景"之一。来此游山玩水、览胜观光，令人流连忘返，其乐无穷。

中国古代著名关卡

二、紫荆关的历史沿革

紫荆关，作为内长城三关之一，捍卫着关内人民的生活，保卫着京畿重地，历经战事数百余次，各个朝代无不重视紫荆关的战略地位。自战国开始修建紫荆关以来，历经千年，紫荆关见证了历史的起起落落。紫荆关的发展就是各代王朝实力的见证，也是各个王朝同边疆各族关系的见证。

(一) 紫荆关的名称演变

紫荆关在西汉时期被称为"上谷关"，东汉更名为"五阮关"，因为其崖壁陡峭直立，形状就像一列屏障，故又称"蒲阴陉"，列为"太行八陉"的第七陉（太行八陉排名为轵关陉、太行陉、白陉、滏口陉、井陉、飞狐陉、蒲阴陉、军都陉）。在北魏时期郦道元所著的《水经注》中又更名为"子庄关"，以子庄溪水而得名，隋唐时期又被称为"白壁关"。到了宋金时期又叫"金坡关"，但从宋朝中叶起，改称"紫荆关"，一直沿用至今。"紫荆关"一名的由来，还有一个典故。相传当时紫荆关城里里外外遍布着紫荆树，每当盛夏之时紫荆花竞相绽放，香飘万里、美不胜收，所以就有人改称其为"紫荆关"。而此番美景又被人们誉为"荆关紫气"，被古人定为易州十大胜景之一，如今这里也是河北易县一大风景名胜区。

紫荆关

(二) 紫荆关的变迁

1. 紫荆关名称的演变及其历史故事

紫荆关名字的演变是紫荆关历史的一个缩影，其实每一个名字背后，都有着真实的历史故事。考察紫荆关的变迁，重点是要了解各个朝代之中，紫荆关在战争之中所起的作用以及各个朝代为守卫紫荆关又是如何变革相关的军事体制。

"风萧萧兮易水寒，壮士一去兮不复还。探虎穴兮入蛟宫，仰天呼气兮成白虹。"当荆轲仰天长啸唱出这句悲壮之词，燕国太子丹长跪不起，举杯敬英雄…这个故事也把紫荆关引入后人的视野。

由于紫荆关与易水之间特殊的地理关系，每每提到紫荆关，便不禁让人想到荆轲，想到这位英雄的悲壮之举。"荆轲刺秦王"便与紫荆关结下了不解之缘。紫荆关的修建按现存史料分析，始建于战国时期。紫荆关作为一方险胜，又与燕长城位置相近。其出现于燕赵之际的可能性很大。

现存史料中能查阅紫荆关的，最早为"（汉成帝）阳朔三年秋，关东大水，流民欲入函谷，天井，壶口，五阮关者，勿苛留"。其中，"五阮关"即是今天的紫荆关，亦称"蒲阴陉"。时为天下九塞之一，同时也是自古以来东出太行的八陉之一。东汉建武二十一年，乌桓举兵南下，欲入侵中原。汉名将马援正是在紫荆关伏击了乌桓大军，迫使乌桓北遁，从此很少再敢冒犯中原。

在著名的《水经注》中有："易水又东，左与子庄溪水合，水北出子庄关……"考证子庄关的现实方位，与汉代时称为"五阮关"的地理方位相吻合，然而又未见南北朝以前有过"子庄溪水"的任何记述，所以由此可以推测，紫荆关用"子庄关"一名应该始于北魏时期。今日，紫荆关向南数公里有万仁山，万仁山高峻壁立，关前盘道下乃子庄溪水发源处，所以"子庄关"为紫荆关之前身无疑。到宋代时，子庄关又易名为"金坡关"，还有些人称之为"金陂"。《辽史·纪事本末》中有"鸡壁寨（砦）"，其发音与"金陂"很接近，书中显示的地理位置也与子庄关相吻合。这样说来，子庄关和"金坡"应当都是紫荆关的前身。至民国时，在关南30里处仍有村曰金坡，由村而东为赴易州要路，所以推断金陂、金坡、鸡壁三者当均是指紫荆关，其出入是音近或形近造成的。

至于"紫荆关"之名，也是有着自己的典故的。其名则是来自于遍布紫荆树的紫荆岭，其名始见于南宋嘉定二年，是年元太祖成吉思汗大败金

中国古代著名关卡

兵于宣德、怀来，兵临居庸关下，准备一举攻下金中都，然而金兵凭险据守，元军久攻不下，"蒙古主乃自以大兵趋紫荆，败金兵于五回岭"。五回岭就在今天的紫荆关南边，于是元人进金史表曰："劲卒居庸关，北拊其背，大军出紫荆口，南扼其

吭。"元军于是轻取易涿二州，由里向外反攻居庸关。于是，金兵便被击溃。

2. 紫荆关的变迁

发生在紫荆关的战事不胜枚举，除了前面提到的汉与乌桓之战、宋辽和战、蒙金之战外，元朝致和初年，"上都诸王忽刺台等入紫荆关，游兵逼大都城，南燕帖木耳败之于卢沟桥，乃却"。由此而知，即便是在王朝大一统的和平景象下，依旧不能放松对紫荆关的守护。由前面的论述可以看出，紫荆关是迫于长城外民族的威胁，才得以正式设关修建的。以后历代王朝也都是为了防卫关外民族的入侵而对紫荆关加以巩固、修整。而明王朝对紫荆关的防御重视程度也达到了空前的地步。下面就介绍一下明代及其以后紫荆关的战略地位及其关城军事设防体制的变迁。

（1）明朝时期的紫荆关

朱元璋十分重视长城沿线的防守。朱元璋在统一北方后，大将华云龙就曾进言朱元璋说：紫荆关、芦花山为军事要地，应该在两地设千户侯来守卫。朱元璋听取了华云龙的意见。值得注意的是，史料记载紫荆岭上曾有旧关一处，但明朝时就撤去了旧关，设置了现在的新关。至于旧关是哪个朝代修建的，建于何处，现在已无法考证。

明成祖朱棣迁都北京，大明国战略重心北移，显示了此时明王朝军事实力的强盛与出击蒙元的决心，史料记载"国朝永乐二年始设茂山卫百户一员，领军守之"。其实，明成祖的多次北征，军队进入蒙古势力内地，大大牵制了蒙古势力对明军的威胁，减轻了长城防线的压力，给相当薄弱的长城防守留下了很大的喘息空间。但伴随着明朝中后期国力的亏空与蒙古的复苏，长城沿线的防务再度被重视起来。需要明确指出的是，明初的长城防守体系并不像我们今天在地图上标注的那样由北京怀柔至山西老营分为内外两道防守，在明朝的很长

时间里，都只是在对外长城进行着不断的修筑填补，内长城的城墙与墩台的完善，是明中后期的事情。也正是基于此点，一旦宣府、大同一线的城墙被蒙古骑兵掘口而入，紫荆关将直接面对来自大同、沿拒马河东进的骑兵与从宣府南下，攻居庸不下的两股火力的威胁，"在今日受虏患，必宣大失守，而紫荆之云火明"。这种形势下，在山北坡地上屯兵筑城，既可控制城下东西向的拒马河河道，又堵住了南北走向的山陉，无疑为首选之策。不仅如此，"正统十四年设守备指挥"。设守备独辖一城的军务，更使明军在紫荆关的防守初步形成了规模。

有趣的是"正统末，亲征也先，至大同乃议旋师，诸将皆言宜从紫荆关入，王振不从，遂有土木之祸"。英宗被俘于土木堡，明军溃败。"未几，也先至大同，入犯紫荆关，拥上皇而南"。企图一举灭亡明朝。"十月丙辰，（太监）喜宁引虏骑攻紫荆关，副都御史孙祥与之相持四日，虏骑由他道潜入，腹背夹攻，关破"。"副都孙祥、指挥韩清、太监阮尧民俱死于阵"。于是也先骑兵迫进都城，在遭遇了于谦率重兵组织的严密防守后，"也先遁去，其弟伯颜帖木儿复奉皇驾出紫荆关"。如此惨败之后，明朝人意识到"言昨紫荆、居庸等关，既不能御敌之路，又不能遏敌之出，虽名关塞，实则坦途，盖士伍单敝，亭障缺贬，隧纵横而然，非朝夕之积也"。明王室在一方面修复、扩大宣大一线长城规模的同时，更加日益严密布防起了居庸关以南，经紫荆关至倒马关一线的长城防守。

今日之所谓"内三关"，即由此而来，"景泰二年复增城池，调保定右卫中千户所官军守御本关"。"景泰三年添设真定、神武二卫官军，春秋两班轮流操守"。至成化年间开始设军"岁于关备冬"。"弘治四年高铨言紫荆之险实被拒马间界破，若莫掩，请即其地增筑城堡，拨军戍守"。于是创设河北堡城墩台，直至此时，紫荆关的防守体系才严密起来。其间"天顺三年卜来等寇大同直抵忻代，诏帅臣颜彪、冯宗率兵屯紫荆、倒马二关，为声援，既而石亨欲以大同叛，尝言据大同，塞紫荆，京师何由得至"。可见当时紫荆关防守的重要性。

经过修缮后的紫荆关的防守体系，大大突出了其层次性、立体性。由先秦以至金元，发生在紫荆关的争夺可谓不少。然而其战略水平却只停留在对局部山口孔道的控制与反控制上，以至于往往一关失守而满盘皆输。或许正是取鉴于土木之耻。"紫荆负山临河，势非不险，而近在内地，不足以据一关之枢，所恃为固者群隘耳。"

而固守群隘之道，在冷兵器装备的明朝人看来，莫过于修筑长城了。然而，"紫荆关西自白石口历湖孩（今胡海口），宁静庵，浮图峪，乌龙沟，西北则金水、马水二口，北抵大龙门、沿河而止，层峦区曲障，几四百里风马牛不相及，但得一道便可驰入……""嘉靖三十二年，俺答入大同。趋紫荆关，急攻插箭岭、浮图峪，官军拒却之"。当时最有效的防守措施，便是修筑坚固高大的城墙。至于这一漫长的修筑工作的严肃性，单是从保存下来的密集得惊人的敌台和高大的墙体上便可反映出来。在距离紫荆关较近的乌龙沟与马水口两处口隘，长城的完整程度和其辅助防御设施的配置都丝毫不逊于久负盛名的八达岭。根据《西关志》的统计，紫荆关所统辖的长城隘口，以金水口、盘石口、黄土岭口、奇峰口、乌龙潭口、马水口、大龙门口、沿河口、浮图峪、乌龙沟、白石口共十一处最为险冲。而在各隘口之下，又多有边地居民出入往来于边墙内外的豁口共计九十二处。从今天的明长城保存情况来看，自涞源县西七亩地村始，东至北京门头沟沿河城乡止的紫荆关辖域内，除因山险而未筑墙的地段外，共保存有明代边墙二百一十华里，砖砌敌台三百三十九座（多保存较好）。如此密集的防御设置，与明代九边十一镇中的其他任何一处相比，都绝不逊色。

如前文所述，紫荆关关城初建于正统初年，是为旧城。"长三百八十丈，夹城一道，长九十丈。南门楼二座，南水门三空，北门楼一座，圈城重门，东水门一空。城楼四座，城铺五间"。经过实地考察，发现在关城北部，由于城墙紧依拒马河岸而建，墙体的变化不甚自由，又由于景泰年后屡次的扩建、加筑，旧墙已经很难见到，只在个别新墙坍塌的地方暴露出来（如北门西侧）。不同于新城的地方在于旧城的墙剖面呈梯形，而非今日普遍的长方形。新旧城墙均是以花岗岩条石为座，内以碎石土填充，外包青砖。新墙的墙体在旧墙的基础上增厚了近一米。应当说明的是，明代长城的墙体建筑，除了以紫荆关为代表的砖石混合型外，还有土墙、碎石墙、山险墙、木墙等等多种类型。仅紫荆关周围的几处长城险冲，就存在着不同类型的墙体，所以绝不可以单凭墙体的类型判断其构建年代，应当综合分析其周围地势地区特点等诸多相关因素。至于新墙，则始建于景泰元年，"长六百八丈五尺，夹城一道，长五十七丈，梢城一道，长八十丈，南门楼一座，圈城二十七丈，南水门一空，北水门一空，东门楼一座，角楼一座，敌楼一座，城铺八间"。其规模明显大于旧城，这很大程度上是土木之变影响的结果，除了"弘治二年添设本关河北迤西堡城一座"及"成化十一年建立南石门一座"外，嘉靖、万历直至崇祯朝，都在不断地修筑与完善紫荆关。今天所能见到的紫荆关遗址，从规模上讲最后完于嘉靖二十年。

《易经》曰："地险，山川丘陵也。王公设险以守其国，御戎上策，其出此乎？然险而曰设，必因地势之险而用人力以修为之也。又曰以守者，盖守不可以无险，而险不可以无兵。"明朝"土木之变"后，明正德三年，在紫荆关设参将职衔，以重兵把守紫荆关；到正德九年，明武宗又进一步在紫荆关设置副总兵，常驻关城的守军有时近达一千二百人。明嘉靖二十年"新添保定卫常守官军八百五十二员，二十六年三月新添茂山卫常守旗军六百三十九名"。难怪明人叹曰："方今沿边之守，有营有堡，有墩有空，有巡探有按伏，有备御以分其徒，有将领以总其权，有游击以备调发，有总领以司机权，防守之道备矣。"

（2）清朝时期的紫荆关

清朝入关以后，长城的历史角色开始变化。但紫荆关作为重要的交通孔道，依旧有重兵把守，"初设副将，康熙三十二年设参将驻易州城西紫荆关城辖本营，并分防三讯兼辖白石口、广昌、插箭岭、樊山四营"，有"守备一人，千总一人，皆驻本营，把总三人（分驻本营、浮图峪、乌龙沟）"，与明朝时的配置相比，控制西出太行之路仍是紫荆关的主要职能。但从其把总驻所来看，浮图峪—宁静庵—白石山一线的防守已渐被忽略，这显然是失掉了北防蒙古的巨大压力的结果。雍正始葬于易县西陵，又赋予了紫荆关以特殊的使命，尽管清帝拜谒西陵走的是房山—良乡—易县梁格庄之路，却并不妨碍紫荆关在有清一代的长时

间内保持着相当重要的军事地位，康熙帝亦曾在拜谒五台山的归途中在紫荆关阅兵，后人记"（关南）东石壁嵌石碑二……其一镌曰天子阅武处，乃清圣祖幸五台驻跸于此"。

在现代化的交通时代到来之前，紫荆关以其特有的地理优势，控制了路通华北、出入太行的几条重要交通线路。由京师而西入太行，或走居庸，或走紫荆；由大同而南过雁门，欲取保定，必先攻飞狐、紫荆。明人有叹曰"真保之图，南自马陵诸山，迤逦至紫荆，复东折而抵居庸，其险隘有疏密，因之防守有冲缓，要以紫荆为之要害焉"。东自天津入晋，紫荆首当其冲，"运货经此者颇多，盖涞源、蔚县之货，取诸保定、满城、完县，或仰给涞蔚之粮，此关当四县之冲"。可见无论是由宣大南下，或是由京津西行，紫荆关都是必经之路。989年，宋端拱二年，契丹统和七年"正月，契丹陷宋易州，遂据之。三月，契丹开奇峰路，通易州市"。"参将守此，每一驮纳铜币二枚，为历来之规费，至今（1916年）未革也"。至1900年八国联军入侵，占天津，攻保定及周围地区，"庚子之役，升允帅晋威军屯广昌，守紫荆关。九月十一日，竟为联军所袭"，"联军间道据关之东高峰，用大炮俯攻之，升允退至广昌，遂以不守"。自此而后，紫荆关的"中兴史"结束了。

清末政局腐败，李鸿章为讨西太后慈禧欢心，特意修筑了从高碑店至易县梁格庄的一段铁路。新筑的这段铁路与北京至保定的铁路连接，大大方便了西太后拜谒西陵的出行。这条铁路的货运价值并不大，旅游价值也较有限，"每早7：30始于正阳门，后至高碑店换车，12：30至易州，为京汉支路。车站仍沿旧称为易州车站，在易州东门之北三里许"。即便如此，根据史料记载，往来易县与北京仍很是不便。日伪时期又不断受到抗日军民的破坏，终于在解放前被国民党政府陆续拆掉了。但它的出现与存在却直接影响了紫荆关的发展。铁

紫
荆
关

路的开通标志着一个时代的开启，铁路的延伸促使易县周边不发达地区的物资开始向易县集中（特别是涞源及山西东部的灵邱等县），原先高大宏伟的长城"高下随山势颇坚固，年久失修，渐有破坏处"。近而又有时论"易县紫荆关一带边墙，古人用以防蒙古之长城，其实近日汉蒙一家，徒留此为交通障碍物也"。

（3）民国时期的紫荆关

民国时期，铁路沿线的城镇运输业相应得到了发展，开始办起了一些客栈、货栈和车马店，其中经过紫荆关的就有由高碑店至蔚县、宣化一线。然而即使如此，紫荆关仍然处于衰落之中，"商务不甚繁盛，商号六七，在北门附近"。由于经济活动低迷，直到 1938 年，"晋察冀边区为沟通察南、平西和冀东等根据地的政治、军事和经济联系，才将这些自古以来的小路和驮运路开辟为山区道路"，汽车依旧不能通行。民国三十年（1941 年），日军出于侵华的需要，重点修筑了易县—紫荆关—涞源浮图峪一段公路，以后又多次修补，由霸县至紫荆关段铺筑了碎石路面，宽度 3.5 米—12 米不等，勉强可以通车，但屡遭抗日军民破坏，时通时阻，紫荆关至驿马岭不能通车。同年"五一大扫荡之后，我冀西四分区开辟了东通高碑店、保定、望都、定县，北通蔚县、宣化，西通广灵、五台的地下运输线"，很明显这个运输网的中心枢纽就是易县紫荆关。从战略高度来分析，紫荆关处在由华北平原进入太行以至山西高原的孔道上，同时由于其北至宣化南至保定一线恰好是敌我双方势力渗透的山地向平原过渡地带，战斗进行得频繁并且惨烈。1942 年的冬天，八路军在此奇袭日伪军胜利，大大打击了敌人妄图控制紫荆关、进而西进的企图。

涞易等县之物产，除煤炭外，以金属矿石和烟草为最大宗。矿石的出口要依靠快捷的运输，民国时期规模尚小，烟草的出口规模虽大，却多靠铁路流向北京等周边大城市，与紫荆关并无太多联系。"粮食谷物出口者，以绿豆为多。输入者，小麦为多"。按前文所引材料分析，

中国古代著名关卡

涞、蔚、满城、完县区域内当有一定的物资交流需经过紫荆关。其时最盛者，莫过于牧羊业，"易县山坡地宜牧羊，每年羊市驱赴京者十三万头，与张家口羊商角逐，紫荆形胜，不让居庸，牧羊状况相似，特不当大道，知者少也"。每年征收

的羊税当不少。其余见于史料者有"（紫荆关）关口外率多栗园，绵亘数十里，军民赖之，系彼处寺中所主，为常住资供之产"。又有党参等土产，然而总的来讲，涞易地区仍属于河北省较贫困的地区。

（4）新中国建立后的紫荆关

解放后，出于工业发展的需求和战备设计，政府从1958年起开始准备兴建由北京经紫荆关至原平的京原铁路（1971年10月完成），然而由于资金和管理上的缺陷，京原线直到1973年才交付使用。并且在随后的8年中，由于石景山南一（紫荆关）一灵丘一线的铁路供电问题无法解决，直至1983年，伴随着供电设备和线路的完善以及入晋的驿马岭隧道的合理改造完成，京原铁路才逐渐成为晋煤外运的主要辅线。在公路建设方面，从1965年开始按三级路标准修筑了北京—涞源—昆明的公路，该路于1969年铺筑完涞源段，公路途经紫荆关并由此处过拒马河。另外，国家自1971年起逐步改建了易县—泥瓦铺—紫荆关—辛庄一段的沟通保定—大同线的公路。并最终于1974年与京昆公路在紫荆关汇合。1978年开通了涞源—北京的长途汽车。改革开放后，特别是20世纪80年代中期以来，随着农村人口大量涌入城市，乡镇企业的蓬勃发展以及京郊旅游业（以十渡、野山坡为首）的兴旺，京原铁路和北京—易县—涞源的公路也都遇到了新的问题和机遇，紫荆关也同样受到了这种局面的影响。由于两大公路从城内穿过，紫荆关负担起大同经涞源、高碑店至天津，浑源经涞源、通县至秦皇岛两条晋煤外运线路的服务问题，文物保护与城镇发展同步进行的课题正日益严峻起来。

（5）紫荆关现状

现存的紫荆关城，平缓处多以花岗岩条石砌筑，筑于坡地的段落则依旧城

体例，下以花岗岩条石为座，上砌青砖封顶并遍砌垛口。据实地调查，关城四面原各有一门。其中南、北二门为交通孔道；北门靠拒马河，朝东开，石券门洞，门额有匾两重，上重题刻"河山带砺"，下重题刻"紫荆关"；南门与北门遥相呼应，朝西开，门额亦有匾题"紫塞金城"。此二匾均为万历年间所书。据当地群众介绍，原来城南门外有一瓮城，瓮城有门，当地称其瓮城南门为"南天门"，门额原有匾书"畿南第一雄关"。今门与匾早已被毁。在南天门瓮城与现存关城南门之间，尚有一道高大的墙体，亦有门与水洞，其建筑年代不详，但必是明代工程无疑。出南门继续前行不过三百米便是分水岭，过岭口下山便是著名的"盘道之险"，当地又称"十八盘"。而在关城北侧高坡地上另中有一堡城与正城隔河对峙，当地俗称三里堡，原有"东西门楼二座，角楼一座，敌台二座"，今附属建筑早已荡然无存，只剩有与正城等规格的高大的北墙。

在被毁的东门、西门之外，即紫荆关城两翼，各有城墙向两侧延伸。东门外城墙止于紫荆岭上，今靠近山角部分保存尚好，山顶的墙体则一方面由于修砌简单，一方面由于自然损坏严重，早已不堪辨认；向西的梢城与北墙一脉相承，沿河顺山脊而行，今有保定至大同的公路穿城墙豁口而过。过豁口公路南的城墙上尚存有两座残破的空心敌楼，墙体向西五里左右至大盘石村而止。紫荆关整座关城依山就险，站在西、北侧的城墙上，可俯控拒马河的整个开阔河面。据说原来在河床上有铁索封锁河面，以利防守。遗憾的是，今天此景也已不复存在。

至于城内的具体情况，现在很多已经无法考证。根据史料记载："街市夹山溪，溪水北流，出北城石闸入拒马河，路西山隅为参将营……折而西为清军厅，今已裁撤，现为易县警察西二区驻在所。城据山为之，内包山一，上建军器库，居民多是绿营兵，住城西偏。"又有记载说：路旁还建有三忠祠，据说是正统十四年北方游牧民族重兵攻入紫荆关，紫荆关副都守孙祥与指挥官韩清、太监阮尧民都战死于紫荆关，皇帝获知此事，很是感动，就主持建造了"三忠祠"，遗憾的是，由于战火频繁、又加上后继朝代新

的防御建筑的修建，三忠祠已荡然无存。新城东西两侧各有察院一所，通判公廨以及守御千户所俱设在城内街北，另外建有镇抚公廨、吏目公廨、申明亭、仓官公廨各一所。在旧城内曾设有总兵公廨在街南与参将公廨隔街相望，此外还有小官厅一座，除以上"政府机关"外，新城西隅还设有仓场一所，旧城南山有草场一所。城西山上靠近敌楼有神器库九间及千户所库楼一间。至于兵器，则寄放于各城楼之中。城北门外还有大小教场各一处。

历经战火与自然破坏，紫荆关已损毁严重，很多主要建筑，都已成为残垣断壁，修复保护工作迫在眉睫。其实自建国以后，易县政府出于文物保护与旅游资源开发，已进行多次修整。但由于关城布局结构复杂、起伏曲折，而且又多有地段已经为地方百姓利用，建造了民宅或仓库，不利于对紫荆关进行大规模的修复，所以现在当地的文物保护单位迄今所能承担的，主要还是对重点地段的发掘和保护。

紫
荆
关

三、紫荆关景观

（一）紫荆关的修建历史

紫荆关，作为长城上较为古老的关口之一，其修建的历史是伴随着长城的修建而进行的。紫荆关是一个防御性的关隘，其整体布局与内部具体设置都服务于战争。

紫荆关开始修建时是在战国时期，公元前 7 世纪到公元前 3 世纪的春秋战国时期，各诸侯国互相吞并，形成群雄并立混战不断的局面，他们在自己的边境先后筑起长城以自卫。据说，紫荆关曾是战国燕赵的边界，"荆轲刺秦王"中的荆轲就是从这儿踏上了那有去无回的征程。汉代，为抵御匈奴，着手大规模兴筑长城以巩固边陲，便以土石为料重新夯筑紫荆关。后历经各代扩建、修葺，遂成现在的规模。

明朝建立后，为防范元朝复辟及鞑靼、瓦剌、女真、吐蕃等北方及西北少数民族骚扰，在北方不断修筑长城，并且为抗击外国入侵，在东南沿海要地也零星筑了一些长城。明长城之多，是历代之最。而紫荆关在历代的修筑规模中也以明朝最为宏大。见于史志者："洪武初年，筑旧城一座，新城一座。"南天门为"明正统初年改筑为南天门，额书'畿南第一雄关'"。明弘治十七年开始修建盘道，崇祯四年明将赵至远重修关城，据山而立。"河山带砺""表里山河""阳合门"都在明朝万历年间修建而成。

紫荆关长城的建筑原料分为料石、城砖、毛石、夯土四种质料。关城北垣沿着拒马河四百米的墙体均用料石垒砌。据有关专家推断，通体用料石垒砌的城墙仅此紫荆关一处，这在我国长城建造史上也是独具特色的。因此，在明朝时期，修建规模和修建质量都有很大提高，以提高其坚固程度，增强其防御能力。自从明成祖迁都北平（北京）以后，更是大兴土木，修城建关。在正统、景泰、弘治、嘉靖、万历、崇祯年间，都曾有改筑、扩建关城、增设城堡、关口，开凿盘山道等的记载，使紫荆关形成了一个由9座城门、4座水门、19处战台，外加18160.5米关墙包裹而成的城内有城、墙外有墙的完备的防御体系。

清代、民国期间，紫荆关也曾作为一些战役的主要战场，关隘多有毁圮。建国以后，易县政府曾多次修整。但此时修整的目的已不再是战争防卫之目的，而是作为文物古迹保护的修整，这座历经千年战争风雨的古关终于可以卸下满身重甲，像一位安详的老人，给来来往往的游人讲述那千年的故事。

于是，历经千年的修葺、整建，紫荆关便有了"一夫当关，万夫莫开"之险，并有着"畿南第一雄关"的美誉，下面就让我们逐一认识紫荆关构造上的一城一池，了解它的每一处景观。

（二）紫荆关的构成

紫荆关的构成颇为复杂。据说，古代战争之时，不了解紫荆关城结构布局的敌兵，即便攻进关城，也像入了迷魂阵，最后只能被守军歼灭。紫荆关为何如此易守难攻？想了解这个答案，还是让我们先来详细了解紫荆关的构成吧。因为紫荆关这个历经千年战火洗礼的关隘，其"易守难攻"依赖于独一无二的地理位置，更依赖于其内在的防御工事的环环相扣以及与地形的天衣无缝的结合。下面就让我们认识紫荆关内部的详细构成，来想象千百年来，守卫的战士是如何击退来犯敌军的。

从内部构造上看，紫荆关的关墙总长18160.5米，共有城门9座、水门4座、战台19处。以城内真武山为中心，城墙依山起伏，向四外延伸，形成四个不规则的城圈，大城套小城。若在高空俯瞰关城，酷似一朵梅花形状。这种顺山势而建的布局，作战时可互为呼应，每个城圈又可独立作战，自成防御体系，具有很高的军事价值。历经岁月与战火的洗礼，关城内仍保存有城墙1.2万米左右，仍保留三座城门、三座水门、两座敌楼。紫荆关巍峨险要之势风格仍存，仅看到那些残垣断壁，即可想到曾经紫荆关的宏大规模，更给人一种跨越时空的想象空间，曾经的铁马冰河，曾经的烽火连天……

据县志记载："长城经易者凡三，一为战国时期燕长城。"即是指由安肃县（徐水）入境，经过曲城、城阳、塘湖村的燕南长城，是当时战国时期的燕国建筑的。"一为内三关长城；南起太行南端的邢台县宋陈口，向北行经固关、娘子、龙泉、倒马、紫荆、居庸等关向北而合于内边大长城……，也是开始建筑于战国时期，系战国时期之中山长城遗址。"紫荆关作为一个关口的出现，在战国时期南北纵贯的长城中就已经存在了。紫荆关现在的规模，上面已经说过了，主要是明朝为了防范北方各族的侵扰，在原来旧城的基础上，多次进行修葺和扩建的。而对于战国时期的长城遗存下来的记载，可惜的是，已经没有实物可以考证了。"三为内长城，此为大长城内之重城，明代称为内边，西起黄河崖的保德州，向东经过偏关、宁武、雁门、平型、紫荆，向东到达居庸……此城始于北齐、北魏而明代修葺之。"此城墙走向经易者，即是说东线墙体、关城、西线墙体，其始建年代可追溯到北齐、北魏时期。紫荆关为南北长城和东西长城的交汇点，可见，其军事战略价值何等重要。

1. 紫荆关的内部构造

紫荆关内部军事构造皆依地势而建，依山傍水，所建城墙、关城、栈道环环相扣，相互呼应，互为犄角，浑然一体。由此建构，易守难攻也是自然。这也充分体现了我国古代建筑的精湛技艺与军事上的高超谋略。下面就以其重点构造为线索来介绍一下紫荆关的内部构造。

（1）一重门

一重门即是从一马平川的华北平原进入紫荆关的第一道关门，建立在今天的坡下村的峡谷中。门两边的边墙自关门向东西两翼伸展，蜿蜒直达两山峰顶。

门额上赫然镶嵌着石匾一方，横书"紫荆关"三个遒劲的大字。想象一下，今日石匾下赏花玩草、凭吊怀古的游人与当年临危受命欲据千军万马于关外的将军那迥然不同的心境，你又作何感想？第一道关门前有一座营房，用于屯集兵力与战备物资，旁边还有一座庙宇，将军在此向天子血誓卫城，战士在此祈求神灵护己。遗憾的是这些建筑在岁月的长河中已坍塌毁坏，但其遗址尚清晰可辨，石匾也在民间妥善保存。慕名前来凭吊的游人，不用千军万马的呼啸，就是看到这些遗迹，闭上眼睛仿佛就能看到那硝烟弥漫、血腥充溢

的战场。过第一道关门往里走，首先映入眼帘的是通向关城的著名的紫荆"十八盘"。

（2）紫荆"十八盘"

荆关城的十八盘古道，全长约 10 公里，纵向深度 2.5 余公里，远看像随风飘浮的玉带一般。明朝嘉靖十二年间（1533 年），荆坡道人在重修紫荆关盘道记中云："南有石径十八（盘），由底升巅，崎岖若羊肠之险，东倚于岩旁，后天之畔，西临乎洞壑，蟠地之绝崖。然则南城两都，北极边陲，迁客骚人多游于此。我朝所以设关，凭此险……"可见，古十八盘既是内地联系北方各族人民的必经之路，又是抵御外族南犯的自然天险。沿盘道攀行至顶端，便是巍峨的南天门。

（3）南天门

南天门西侧有通向军营的关门一座，关门东南侧额题"阳和门"，东北侧为"草场门"。关城池布局复杂、纵横交错，原关城总长 10516.5 米，现部分残缺。主城分为东、西两部，中间以墙相隔。东城较小，设有文、武衙门；西城较大，为驻兵之地。阳和门外有黄土岭城，拒马河北岸有小新城，与西城隔水相望，中有铁索相连，呈掎角之势，为北关城的前哨。南天门券拱城门额上嵌有石匾阴刻横书"畿南第一雄关"，可惜早年石匾已同南天门一起被毁掉了。

（4）南门

过了南天门，要经过二重门，此门无门额，与南门相错开，一侧建有水门。两侧有八字墙向左右伸展开来。下面才能到紫荆关城的南门。虽名为"南门"，此门坐东朝西，为石券拱门，门额上嵌有匾题"荆塞金城"四字，并于左右分别署有"万历十七年岁次乙丑孟秋吉日立"和"钦差总理紫荆关兵备按察使刘秉星直隶保定府管官通判宋应试钦差分守紫荆关参将韩光"等字样，进入此门

之后，才算真正进了紫荆关城里。

（5）北门

即"河山带砺"门，是紫荆关现存较好的一处。北门门额二重，上题"河山带砺"，下题"紫荆关"。出北门即是水流滔滔的拒马河，因受自然条件的限制，北门向东开。北门在紫荆关中是极具代表性的，城门以及城墙都是由青色的巨大花岗岩砌成，透露着一种历史的沧桑和厚重感。北门外是滔滔拒马河，也许是北门朝东开着的一大原因吧，北门有瓮城，里面券上有"表里山河"匾额，"表里山河"意思为，表里即内外。外有大河，内有高山。指有山河天险作为屏障。此语出处为《左传·僖公二十八年》："子犯曰：'战也。战而捷，必得诸侯。若其不捷，表里山河，必无害也。'"高高的城门及垛口以下当为明清旧物，共有两重门额，门额上题有两层字，上层题的是"河山带砺"，上款为"万历丁亥夏"，下款为"聊城傅光宅书"，下层题的是"紫荆关"，字迹虽饱经千年的战火与风雨洗礼，但仍可见其字迹苍劲有力、浑厚古朴。北门上题写的"河山带砺"还是有一定来历的。汉代封建王爵盟誓时便已使用过"河山带砺"。上古时，河专指黄河，《孟子》中有"河内凶，便移民河东"之语，属专有名词。山指泰山，亦为专有名词，古时将泰山作为祈天之所，为五岳之首，凡有德之君王均可到泰山封禅。始皇帝无德，泰山封禅后病死于途中，汉武帝泰山封禅使泰山声威大震，历代君王不敢轻易到泰山封禅，怕遭天谴。"河山带砺"意为当黄河如衣带泰山如砺石，表示时空跨度极大，比喻国运长久。但也有人认为，题写在南门上的"河山带砺"应该有其独特的含义，可以作如下解释，河为流经紫荆关的拒马河，山为紫荆关所在的紫荆岭及周围大山，带可做环绕解。东汉的《说文解字》一书中对带的解释为盘绕在男子身上的绅或巾，可理解为腰身上的大带子。唐代诗人王勃在《腾王阁序》中赞美道："襟三江而带五湖……"此中的襟、带二字当然不能作为名词使用。这里的带，是做环绕理解。砺，为水中的石头，或为磨石。其意为山水环绕的石城。这样的解释也是颇有道理的。

（6）北门瓮城

瓮城，又称月城、曲池，是古代城池中依附于城门、与城墙连为一体的附属建筑，多呈半圆形，少数呈方形或矩形。在中国的主要关塞上都有一个或几个瓮城，当敌人攻入瓮城时，如将主城门和瓮城门关闭，守军即可对敌形成"瓮中捉鳖"之势。紫荆关的瓮城也极具代表性，北门瓮城门券上的题字是由明代万历年间山东聊城人傅光宅所写，字体刚劲挺拔、流畅自如，与整个关塞巍峨雄浑的气势十分相称。站在城门上抚摸着高大的垛口，抬眼一望，四周群山环绕，高峻巍峨，一股浩然之气顿时充溢胸间。可以说，瓮城的修建是我国古代防御工程建设的重要典范，因为瓮城的设置不仅增强了城门的防御力，还是设计者"国有利器，不示于人"的道家思想的集中体现。

（7）小金城

同瓮城一样，小金城也算是城中之城。小金城，是修建在紫荆关城外城墙沿线上的。城的轮廓大致呈长方形，北边靠着屏山，南方接近拒马河，与关城隔河相望，形成掎角之势。小金城原来建有东、西两扇大门，东为"迎晖"，西为"靖远"，城内建有三街六胡同，平时为后勤保障之地、练兵之所，可以囤积粮草、驻扎戍卒，等到有战争时可与紫荆关城遥相呼应、互为救援。同样的小城在紫荆关还有三座：小盘石城、奇峰口城、官座岭城。这些城的设置使得紫荆关真正实现了城中有城、墙中有墙之势，易守难攻也在情理之中了。遗憾的是，四座城堡因年代久远、历尽沧桑，由于人为和自然力的破坏，现在已经是断壁残墙，面目全非了。

（8）三忠祠

三忠祠，是建在主城内的一座祠堂，但历经战火，现已毁坏。三忠祠是明朝时为纪念三位守关将领而修建的。这背后还有一个真实而有趣的故事。据说，正统末年，明英宗亲自率大兵进攻也先，妄图一举消灭也先。等大军行至大同，英宗决定班师回朝，很多将领都主张从紫荆关进入关内，但唯有皇上的宠臣王振不同意。英宗听信王振谗言，不久便被俘于土木堡，明军溃败。没过多久，也先大军攻回大同，侵占紫荆关，并挟持明英宗，企图灭掉大明。据明史记载"十月丙辰，（太监）喜宁引虏骑攻紫荆关，副都御史孙祥与之相持四日，虏骑由他道潜入，腹背夹攻，关破"。"副都孙祥、指挥韩清、太监阮尧民俱死于阵"。于是，皇帝为表彰三位英雄，便主持建造了"三忠祠"，以示后人。

(9) 主城

据资料记载，紫荆关主城分东、西两部分，中间用墙互相隔开。东城设有文武衙门，西城为屯兵驻军之所。近处有阳和门外的黄土岭城，拒马河北岸有小新城，与主城的西城隔河相望，有铁索相连，是为关城的前哨。关城东、西、南三面墙外有墙，形成环抱于主城外的三座小城池，军事上起到对主城的缓冲作用。但今天这个完备的防御体系已无法看到。紫荆关关墙总长 18160.5 米，共有城门 9 座、水门 4 座、战台 19 处。雄关壮丽，地势险要。古代文人描述这里是"万里蜿蜒壁，千峰拥塞门。风雄秦上谷，气压赵楼烦"的"紫塞金城"。

从整体布局来看紫荆关，以城内真武山为中心，城墙依山起伏，向四面延伸，形成了四个大小不等的半圆形，大城套小城，外围城墙面对犀牛山顶，东至孤松树梁，南到南天门，北临拒马河，若站在高空俯瞰关城，酷似一朵盛开的梅花。这种独具匠心的建筑布局，既可对外联络指挥，又可进行自卫防御、独立作战，真可谓是进可攻，退可守，具有较高的军事价值。紫荆关城外建有三道翼墙，向西经过小盘石、大盘石和涞源浮图峪城堡相连接，这里只有小盘石村南瓦窑安口的一段墙体至今保存最好，其垛口、女儿墙都没有遭到损坏。向东经过大雁沟口、君玉村、官座岭口、奇峰口至桑园，此段墙体大多因地制宜，多依山险而建，只在关口地段建有片石垒砌的墙段。紫荆关城外城墙沿线建有四座小的城堡：小金城、小盘石城、奇峰口城、官座岭城。

2. 紫荆关附近景观

紫荆关作为险关要隘，除自身独特而严谨的设计外，更依赖于其独特的地理位置及与之相应的地理环境和相应的防御设施的配合。因此，要了解紫荆关在历史上的独特地位及由此带来的历史影响，很有必要进一步认识紫荆关周围的环境及相关的历史事件。

(1) 居庸关

居庸关位于北京市西北部，同紫荆关、倒马关一起称为内三关。它们坐落在一条长约 40 里的沟谷之中，这条沟谷就是著名的"关沟"，因为居庸关城设址于此，故此得名。无论在古代还是现代，关沟都是交通要道，它是北京通往宣化、大同、内蒙古等地的必经之路。此外，关沟两边都是高山耸立，峭壁陡不可攀。正是这种险要的地形地势，决定了居庸关的设关位置。居庸关是明代万里长城中久负盛名的雄关之一，它的整个关城都位于"关沟"的中部，东面连接着翠屏山，西面则是金柜山，南边是南口，北边则是闻名遐迩的八达岭长城。南北两座雄伟高大的城楼将关城的城墙连成一体，城楼上高高地挂着一块写有"天下第一雄关"的牌匾，关城就在关沟这种雄险的地势之中，扼控着南下北京的通道。古代的军事家也称这里是"控扼南北之古今巨防"。走进居庸关关城内，庙宇、署馆、亭坊、仓房等等，层叠有形、错落有致，这是先人给我们留下

的宝贵文物，它们见证了历史，而它们的遗迹则成为历史的缩影。山下城楼古色古香，古典之风浓郁，进入其中仿佛回到了古代。居庸关两旁及其附近层峦叠嶂、绿树成荫、红叶似火，这里既古朴典雅又不失大方，雄伟奇险而又美丽无限。

紫荆关

(2) 倒马关

长城"内三关"之一的倒马关，又名"常山关""鸿上关"。倒马关位于太行山东麓，河北唐县西北60公里，背靠唐河，北临内长城。东南为险要的十八盘岭。据《畿辅通志》记载，倒马关因山路险峻，马匹走在上面有可能跌倒而得名。自古以来，倒马关就为战略要地。据《后汉书》记载，建武十五年（39年），匈奴犯汉北部边境，东汉政府迁徙雁门、代郡、上谷三郡居民于常山关（倒马关）、居庸关以东地方居住，防止匈奴的侵扰，由此可见倒马关的屏障作用。倒马关处于一条古老的通道上，这条道称为"灵丘道"。《魏书·高祖纪》载："太和六年（482年），调集州郡五万人修治灵丘道。"灵丘道北起平城（山西大同市东北），南越恒山，自灵丘以下，略循今唐河谷道出太行山，南抵中山（今河北定县），是当时山西高原北部通向华北平原的交通要道，倒马关就是这条道路上的重要关隘。

明朝马中锡《倒马关诗并序》中说："关有两山对峙，其路极险，相传杨六郎到此马踬，故名。"后人为纪念杨延昭（六郎）镇守三关的功绩，于明正德

十五年（1520年），在倒马关城西3公里的马圈山上修建了"六郎碑"。碑通体高1.8米，宽60厘米，为汉白玉石雕琢而成，碑额抹角及两边雕云纹花边图案。碑文为："宋将杨六郎拒守之处。"杨延昭是并州（今山西太原）人，宋真宗时为保州（今河北保定）缘边都巡检使，后因与辽兵作战有功升为保州防御使。杨延昭在边防镇守20余年，辽兵甚为畏惧，千百年来，许多文人学士到倒马关凭吊六郎，称颂吟怀杨六郎威镇边关的不朽业绩。

（3）荆轲塔

荆轲塔又称圣塔院塔，位于易县易州镇荆轲山村西的荆轲山上，是河北省重点文物保护单位之一。古塔始建于辽乾统三年（1103年），明万历年间及清康熙、乾隆年间均进行过修葺。现在塔旁还存有记述当时重修状况的石碑，塔东侧原建有圣塔院寺，现仅保留些遗迹。据县志记载，塔西侧土丘为荆轲衣冠冢，荆轲馆也建于此地，这些又给古塔增添了悲壮的故事，美妙的传说。

"风萧萧兮易水寒，壮士一去兮不复还。"战国时，紫荆关乃燕赵两国边界，是中原诸国进入太行的主要道路，关口西方即是被称为"虎狼之国"的秦国。秦国势力日强，燕国危在旦夕，为国之安定，燕太子丹派荆轲谋刺秦王，当时荆轲就是在这个地方出发的，燕太子丹亲自到易水边送别。易水是拒马河的支流，距紫荆关不远。荆轲携带着秦逃亡将军樊於期的头和燕国的地图去见秦王，为的是博取秦王的信任。不想"图穷匕首见"，刺秦王不成，反而被杀。据说，燕太子丹为纪念让荆轲提自己的头去见秦王的英雄樊於期，在荆轲的故里易县血山村后面的小山岗上修了一座三层四棱的半截古塔，俗称"樊於期塔"，又叫"镇陵塔"。此塔现在尚存，不过是后人重修的。离血山村不远，在易县西南约5公里的荆轲山上有一座高13层的六棱古塔，人们叫做"荆轲塔"。此塔始建于辽代，明万历年间重建。在原荆轲山上立有一块"荆轲故里碑"，后来移到血山村的荆轲馆舍附近，至今仍在。汉代司马迁在《史记》中说："自古燕赵多慷慨悲歌之士。"此言置于荆轲身上，再合适不过了。至今，荆轲塔游人如织，人们纷纷来到塔前来瞻仰这位壮士，感受那来自千年之

外的激烈情怀，此情此景，又有谁能不
心潮澎湃？

（4）清西陵

在紫荆关东面的永宁山下，即是闻
名中外的清西陵景区。那里景色雄浑壮
丽，埋葬着雍正、嘉庆、道光和光绪四
位皇帝以及他们的后妃、皇子、公主等共八十人。陵园内红墙黄瓦、石阶玉廊，
整个陵区庄严华贵，气势恢弘。除此之外，西陵还有十大美景，如易水寒流、
奇峰落照、华盖烟岚、伏山捧日等，皆雄浑壮观、秀媚多姿。中国古人历来讲
究风水，清皇室选择此地作为墓陵，也看得出紫荆关依山傍水、扼守咽喉之重
要的战略位置。

（5）狼牙山烈士塔

紫荆关南面不远为"狼牙山"，狼牙山及周围地区乃抗日时重要的敌后战
场。著名的"狼牙山五壮士"的故事就发生在这里。1941 年秋，日寇三千余人
向这里进犯，我军主力部队转移到外线作战，只留下少数部队在狼牙山一带坚
持战斗、牵制敌人。经过激烈而残酷的战斗，只剩下马宝玉、葛振林、胡德林、
胡福才、宋学义五人。在敌众我寡的情况下，他们仍坚守阵地，多次击退敌人
的冲锋，最后弹尽路绝之时，就用石块与敌军作战。敌军蜂涌而上，他们砸断
武器、宁死不屈，纵身跳下悬崖。马宝玉等三人壮烈牺牲，葛振林和宋学义负
重伤脱险，得以幸存。1942 年 4 月，晋察冀军民为纪念五壮士英勇事迹，在狼
牙山上建立了烈士塔，即狼牙山烈士塔。但后来在日本的扫荡中，又被日军摧
毁。解放后，狼牙山烈士塔于 1958 年得以重建。今日，狼牙山五壮士的故事已
成为家喻户晓的悲壮传奇，烈士塔下的瞻仰也成为许多人紫荆关之行的重要
行程。

（6）紫荆关村

作为长城内重要的关隘及进入中原的咽喉，每每战事一起，紫荆关周围的
村镇常常遭殃。在紫荆关东北方向，过了拒马河有一个叫紫荆关村的地方，紫
荆关村是一个古老的村子，当地村民说，紫荆关村已有两千多年的历史了，因
为是军事要塞，从前关城中只有驻军，老百姓都是散住在关城之外的。直到抗
日战争爆发后，才陆续有乡亲搬进城中。紫荆关村不但有着悠久的历史，还有

着秀丽的风光。经历千年战火的古村，卸下重重的战甲时，一场春雨便给这个古老的村庄披上了美丽的外衣。关城所在的紫荆岭上，每逢夏季，漫山遍野长满了紫荆，宛若一块巨大的紫绸，异常壮观。

（7）北武当山

紫荆关整个关城的修建是以真武山为中心的。真武山即为现在的北武当山，它位于山西省吕梁地区方山县境内，古称龙王山，又名真武山，明代修复玄天大殿后，根据"非玄武不足以当之"之意，更名为武当山，因其位于北方，故称为北武当山。这里既有赏心悦目的自然景观，又有历史久远的人文景观，是我国北方著名的道教圣地。1994 年 1 月被国务院公布为国家级重点风景名胜。

现在的真武庙已没有了往日气势恢弘的大殿，只有无数碎砖破瓦和一座空荡荡的地基，陪伴它们的还有无尽的荒草。抗日战争时期，日寇来到紫荆关，将真武庙中的珍贵文物洗掠一空，然后一把火烧毁了庙宇。据说那场大火整整烧了半个月！偶尔在荒草中会发现一个石头碑座，还有半块残破的碑身横倒在不远的地方，上面可以很清晰地看到刻有钦差某某的字样，这些都见证了往昔那不堪回首的历史。

（8）天台山景区

天台山景区位于关城东 12 公里处的天台山，景区面积约 4 平方公里，海拔 880 米，夏季平均气温为 28℃，比平原地区低 5℃左右，植被覆盖率 98%。1842 年，美国和德国的牧师、大夫、修女在此建造了别墅，因此人们习惯称之为外国山。现在仍有美、德牧师居住过的遗址和用过的水井等。这里有原始森林，古树参天，四季均可游览。景区开设了 15 家农家旅馆，可以举办篝火晚会、烧烤、跑马等项目。

中国古代著名关卡

四、紫荆关上的主要战事

素有"畿南第一雄关"之称的紫荆关，在大一统王朝较为安定的时期，这一带成为内地与外界进行经济文化交流的重要通道。蒲阴、飞狐等陉是当时非常重要的交通线，譬如北魏孝文帝在迁都洛阳之前，从国都平城（今山西大同）到中原多走此线。在紫荆关考古发现的各种钱币可以很明确地说明这一点。

然而一旦北方少数民族政权与中原政权发生对峙或战争时，此处便成了战略地位非常敏感的兵家必争之地。历史上许多著名的战事与紫荆关有着密切的联系。史载这里曾发生战争达一百四十多次。虽然在明成祖迁都北京后，居庸关成为进入北京的北大门，成为抵御来自北方异族入侵的重要屏障。但历史证明，紫荆关在捍卫京城安全方面处于居庸关不可替代的战略地位。明将于谦曾说："险有轻重，则守有缓急，居庸、紫荆并为畿辅咽喉，论者尝先居庸、而后紫荆，不知寇窥居庸其得入者十之三，寇窥紫荆其得入者十之七。"《畿辅通志》称："控扼西山之险，为燕京上游路，通宣府、大同。山谷崎岖，易于戍守。"有"一夫当关，万夫莫开"之险。明清之际的思想家顾炎武在《天下郡国利病书》中说得更明白："居庸则吾之背也，紫荆则吾之喉也，猝有急则扼吾之喉而附吾之背。"意思就是说居庸关是明朝的"背"，而紫荆关则是"喉"，明清方志称此处为"崖壁翘矗，状如列屏，为易州之巨防"。历史上的许多战例，说明这个论断是正确的。可见，在历史上紫荆关的军事地位是何等重要。也正因为其为咽喉要道，故其必然是各朝各代兵家必争之地。下面就介绍一下历史上发生在紫荆关及其周围的主要战争。

（一）战国

紫荆关所在的易县，有许多历史古迹。战国时燕太子丹派荆轲谋刺秦王，就是从这里出发的。燕太子丹亲自到易水边送别，易水是拒马河的支流，距紫荆关不远。荆轲携带着秦逃亡将军樊於期的头和燕国的地图去见秦王，为的是博取秦王的信任。不想"图穷匕首见"，刺秦王不成，反而被杀。据说，燕太子丹为纪念让荆轲提自己的头去见秦王的英雄樊於期，在荆轲的故里易县血山村后面的小山岗上修了一座三层四棱的半截古塔，俗称"樊於期塔"，又叫"镇陵塔"。此塔现在尚存，不过是后人重修的。离血山村不远，在易县西南约五公里的荆轲山上有一座高十三层的六棱古塔，人们称为"荆轲塔"。此塔始建于辽代，明万历年间重建。在原荆轲山上立有一块"荆轲故里碑"，后来移到血山村的荆轲馆舍附近，至今尤在。汉代司马迁在《史记》中说："自古燕赵多慷慨悲歌之士。"大概说的就是他们这类英雄吧！

（二）秦汉

由于西汉以来汉匈民族问题并未得到真正解决，东汉建国初期，北方关外的匈奴、西北诸羌以及西域各族、东北的乌桓与鲜卑，还有南蛮、西南夷等少数民族，对东汉政权构成了或大或小的威胁。边防问题成为汉光武帝刘秀安邦定国的首要问题之一。光武的边防政策及其措施因此而展开。

据《后汉书·乌桓传》记载，东汉建国以来，"居止近塞"的乌桓与匈奴"连兵为寇"。建武二十一年，东汉大将马援率领三千骑兵经紫荆关（当时称为五阮关）出关欲痛击乌桓，但事与愿违，三千骑兵反为乌桓所败。建武二十二年，因为匈奴作乱，乌桓乘势攻破五阮关。匈奴人向北迁徙数千里，漠南地区就空了出来，乌桓乘机占据了此地，成为当时东汉北境新的威胁。最终，刘秀不得不"乃以币赂乌桓"，才促进了双方关系的发展，用金钱妥协的方式换来暂时的和平共处岂能长久？整个东汉时期，外族的侵入与汉王朝的反击从未间断过，这也许是当时修建紫荆关最为直接的原因吧！也正是由于这样，紫荆关对中原的守护之地位愈加突显。

（三）唐朝

唐朝国力强盛，并与边疆民族修好，战事较少，但和平时期紫荆关的战略地位置仍很重要。作为太行八陉之一，它是中原人民与边疆民族经济与文化交流的重要通道。史料记载，当时的紫荆关人丁兴旺、集市繁荣。

在紫荆关城中发现的各种钱币足以证明这一点。这时的紫荆关成为了联通内外的经济与文化上的枢纽。

（四）南宋

史书记载："宋宁宗嘉定六年，蒙古攻居庸，金人据守，不能入，元主乃出紫荆关，败金人于五迴岭……"即元太祖成吉思汗攻打居庸关时，由于金兵凭借着居庸关那种"一夫当关，万夫莫开"的险要地势，使得元军久攻不下。苦恼之中的成吉思汗突然抽出主要兵力挥师南下，一举攻克了紫荆关，然后攻取涿、易二州。又从长城里侧向外反攻居庸关，形成对金的内外夹击，居庸关终被攻克。成吉思汗因而灭了金国。从此，蒙古铁骑如一泻千里的溃堤洪水，势不可挡，最终驰马中原，一统天下。两宋时期，国家积贫积弱，军力日衰，边界之上，始终不能摆脱战事的困扰，而且常为边疆各族所败，损兵折将不说，还劳民伤财，得不偿失。

（五）明朝

明朝时期，由于受退回漠北的元朝势力的威胁，明正统十四年（1149年），蒙古族瓦剌部汗也先率军分兵四路对明长城沿线发起强攻，进犯北京，曾攻打过紫荆关。明英宗欲效仿其祖父朱棣，追击瓦剌人时，却在河北延庆外的土木堡被也先大军活捉了，然后也先挟持英宗从大同南下，直奔紫荆关而来。瓦剌兵攻克紫荆关之后，长驱直入，一口气打到了京都的西直门外，挟英宗威胁明廷。但明皇室景帝继位，遥尊英宗为太上皇，挫败了也先的阴谋。可是正在此时，叛变明朝的太监喜宁向也先献计说：现在紫荆关一带守备空虚，不如乘机叩关，假装奉皇上还京，令守吏开关相迎，乘势入关，直逼京城，明廷一定会向南迁移，那么燕京就为我们所有了。也先采纳了喜宁的建议，拥着英宗率兵向紫荆关进发，途中打败了明军，并杀死通政使谢泽。当瓦剌军抵达紫荆关下时，也先假传上皇谕旨，命守备都御史孙祥、都指挥韩青接驾。孙、韩二人不知是计，只率一千骑兵出关接驾，遭也先部队包围。孙、韩二人强行突围不成，自刎而亡，明军大败。也先遂率兵入关，直抵北京城下，差一点灭掉明朝，多亏兵部左侍郎于谦临危不惧，率领部队加紧巡逻，严密防守，并调集援兵坚守，寻求机会反攻。最终，瓦剌兵见攻下京都希望渺茫，又害怕长城沿线被官军封锁，切断了退路，于是又挟持着英宗经紫荆关返回长城以北。明嘉靖三十三年（1554年），蒙古鞑靼部俺答汗又率骑兵从大同南下，急攻紫荆关，为明军所败。

据说明末农民起义军首领李自成，也曾在紫荆关大举战事，攻陷关城，俘获关城守将丁启宗。但要明确的是，李自成起义军进入关内威逼北京城，是取道关沟的石匣关入关的。

（六）清代及以后

到了清代，关城已属腹地。同其他长城边关一样，紫荆关在戍边上的地位有所下降，但实际的军事地位并未减弱。清圣祖玄烨曾两次西巡，均驻跸紫荆关检阅军校，紫荆关南天门曾立有"天子阅武处"碑，即为康熙西巡时所留。紫荆关在捍卫京城的安全方面，有着举足轻重的战略地位。

进入近代后，紫荆关及其周围的战事愈加频繁。史书记载"清光绪二十六年，八国联军据关东高峰以大炮复攻关城""民国十五年，吴佩孚讨赤军与国民军战于紫荆关"等。以上战例都足以证明，自古至今紫荆关在军事上有着举足轻重的地位。下面择其一二仔细说之。

1. 抗日战争：易涞战役

1938 年 3 月至 4 月，八路军晋察冀军区部队在河北省易县、涞源县间发动对日军的进攻战役。1938 年 3 月中旬，易县日军步兵第 14 联队，经紫荆关进攻涞源，企图打通易(县)涞(源)公路，分割和封锁晋察冀根据地，阻止八路军向平(今北京)西地区发展。晋察冀军区以第 1 军分区和第 3 军分区部队各一部，在地方武装配合下，依托山区有利地形，采取游击队广泛袭扰与主力部队机动出击相结合的战术，反击日军进攻。21 日，日军从易县一出动即遭游击队和便衣队阻击、侧击和尾击，伤亡 100 余人。日军攻占紫荆关后，又出动主力 500 余人进占王安镇。3 月 25 日拂晓，第 1 军分区两个团出其不意，突入该镇，经 2 小时激战，毙伤日军 400 余人。26 日，日军增兵 2300 余人，进占涞源。军区遂以一部兵力在地方武装配合下，展开游击战，袭击日军据点，破击交通线，伏击日军运输和抢粮部队。4 月 3 日至 10 日，军区部队在二道河、佟川、浮图峪 3 次伏击战中，共歼灭日军 300 余人。日军四处遭受打击，涞源孤城难守，于 11 日夜东撤，退至易县城。军区部队在追击中又歼其一部。易涞一役历时 20 余天，进行大小战斗 40 余次，毙伤日军 1400 余人，缴步枪 230 支、战马 150 匹。这次战役在抗战史上很是有名，因为它粉碎了日军再次打通涞易线的企图，彰显了民族精神，在抗战历史上浓重地写下了一笔。

2. 狼牙山五壮士

紫荆关南面为著名的狼牙山，"狼牙山五壮士"这一家喻户晓的悲壮故事就发生在这里。1941 年秋，侵华日寇 3000 余人向这里进犯，我军主力部队转移到外线作战，只留下少数部队在狼牙山一带坚持战斗，为牵制敌人，为主力转移赢取时间。经过激烈战斗，防御部队只剩下马宝玉、葛振林、胡德林、胡福才、宋学义五人。在敌众我寡的情况下，他们仍然坚守阵地，多次击退敌人冲锋。最后弹尽路绝，他们砸断武器，宁死不屈，纵身跳下悬崖。马宝玉等三人壮烈牺牲，葛振林和宋学义负重伤脱险。1942 年 4 月，晋察冀军民为纪念五壮士英勇事迹，在狼牙山上建立了烈士塔。抗战中为日军破坏，战后得以重修。狼牙山五壮士之举，大振敌后军民气势，此悲壮之举，将永为国人所铭记。

　　紫荆关，这个承载了几千年历史的长城关隘，不知道发生了多少可歌可泣的悲壮历史故事，成就了多少英雄帝王的雄心霸业。回想我们多灾多难的中华民族，曾几何时为外族欺凌，多少百姓因国家贫弱而家破人亡，妻离子散。国者，唯有自强方可自保。所以正如《孙子兵法》所言："兵者，国之大事，死生之地，存亡之道，不可不察也。"

中国古代著名关卡

居 庸 关

　　居庸关作为建筑在崇山峻岭之中的军事重镇，在漫漫历史长河中，经历了众多朝代的交替和变迁，扮演了举足轻重的角色。居庸关是万里长城的重要关口，有天下第一雄关之称，与嘉峪关、山海关齐名，但因其地势险要，位列三关之首。居庸关又以景色秀丽而闻名于世，早在八百年前就被金代皇帝钦定为"燕京八景"之一，清乾隆皇帝也曾亲笔题字"居庸叠翠"。

一、居庸关概述

居庸关像一位饱经沧桑的战士，向过往的行人诉说着自己的过去，同时，又像一位仙女，向人们展示着自己的美丽超凡。居庸关位于北京市西北部，坐落在一条长约四十里的沟谷之中，这条沟谷就是著名的"关沟"，因为居庸关城设址于此，故而得名。无论在古代还是现代，关沟都是交通要道，它是北京通往宣化、大同、内蒙古等地的必经之路。此外，关沟两边高山耸立，峭壁陡不可攀，这种险要的地形地势，决定了居庸关的设关位置。居庸关是明代万里长城中久负盛名的雄关之一，它的整个关城位于关沟的中部，东面连接着翠屏山，西面则是金柜山，南边是南口，北边则是闻名遐迩的八达岭长城。南北两座雄伟高大的城楼将关城的城墙连成一体，城楼上高高地挂着一块写有"天下第一雄关"的牌匾，关城就在关沟这种雄险的地势之中，扼控着南下北京的通道。古代的军事家也称这里是"控扼南北之古今巨防"。走进居庸关关城内，庙宇、署馆、亭坊、仓房等等层叠有形，错落有致，这是先人给我们留下的宝贵文物，它们见证了历史，而它们的遗迹也成为历史的缩影。山下城楼古色古香，古典之风浓郁，进入其中仿佛回到了遥远的古代。居庸关两旁及其附近层峦叠嶂，绿树成荫，红叶似火，既古朴典雅又不失端庄大方，既雄伟奇险又美丽无限。

居庸关自古就是今天北京地区在西北方向的一道有着举足轻重作用的屏障。如果说八达岭是从西北方向进入北京的第一道门户的话，那么居庸关毋庸置疑就是那第二道门户。历史上的居庸关以险要著称，大有"一夫当关，万夫莫开"之势，历来都是兵家必争之地，所以自古以来历朝历代都将这里作为防守重地。据说当年李自成的起义军，就是因为闯开了这道雄关，才得以长驱直入打到北京城，类似的历史事件还有很多，因此在中国的历史上书写出了浓重的一笔。除了险峻，居庸关及云台等景观还以历史悠久、

中国古代著名关卡

景色瑰丽而著称于世，历代文人墨客都在此留下了赞咏的诗篇，早在八百年前的金代，居庸关就凭借自身及其附近的秀丽景致获得了"燕京八景"的殊荣，被称为"居庸叠翠"。后来基于其深刻的文化内涵和优美的自然风光，居庸关在1961年被国务院公布为第一批全国重点文物保护单位，1982年，居庸关又以其重要的人文和自然景观价值，被划入八达岭—十三陵风景名胜保护区，成为其中重要的景点。1987年联合国科教文组织将其列入世界人类文化遗产之列。

居庸关

二、居庸关的形成与演变

在漫长的历史发展过程中，居庸关作为重要的军事要塞，历代给予的重视程度都是相当高的。它从一个小小的关塞一步一步地发展成为一个至关重要的关口，随着朝代盛衰、战争形势以及总体军事部署的变化而变化，其中既有军事的原因，又有政治、经济乃至文化的因素。

（一）名称的由来

要了解居庸关，我们首先得知道它的名字是怎么得来的。关于居庸关名字的由来，历史记载有很多种说法，可以说是众说纷纭。古人们都倾向于认为这是从秦代开始的，相传秦始皇为了巩固历尽千辛万苦才促成的中原统一局面，在登基不久就开始征派数以万计的劳工，其中包括囚犯、士卒以及民夫来修筑长城，这中间还有一段流传千古、美丽凄惨的"孟姜女哭长城"的故事。秦始皇把征集过来的这些人全都集中安排在这个后来被称为"居庸关"的地方，居庸关就是从"徙居庸徒"来的。然而现代人更倾向于这么一种推断，根据《吕氏春秋》的记载，早在秦始皇统一六国之前，"居庸"一词在战国时期就已经存在了。那么，"居庸"之名到底是怎么产生的呢？据史料推断，"居庸"一名的形成，应当与远古历史上在这一带繁衍生息的氏族部落有很大的关联。这

里要说的氏族部落就是传说中的屠氏部落与山戎部族。据历史记载，早在三四千年以前，轩辕黄帝曾经向蚩尤所率领的部众发起了一场凶猛异常的进攻，两军在河北涿鹿、阪泉一带的荒芜之地进行了一场决一生死的恶战，这场恶战的结果是蚩尤部落被打得落花流水，一败涂地，最终首领蚩尤也被杀掉了。黄帝随即对归顺的臣民进行了收治与整编，他将其分成两个部族。一个部族迁移到一个叫做"邹"的地方，

中国古代著名关卡

另一个迁移到了一个叫做"屠"的地方。而与此同时，在这一带还活跃着一个部落氏族，那就是戎族，又叫山戎。殷周时期，曾被称为"鬼戎""犬戎"等等。前些年，考古人员在延庆发现的山戎族墓葬群，是他们曾经在这一带活动过的有力证据。"邹"，古音读"聚"，但由于年代久远，诸多氏族杂居，加之同音异字流传，此地便有了"居庸山"之名，后来又有了"居庸塞"。可见，

"居庸"一词的出现，最迟应当出现在我国的春秋时期，距今至少有两千五百多年的历史了。然而在漫长的历史岁月中，居庸关虽然始终都是兵防重镇，但它的名称却被一改再改，比如说在三国时它被叫做"西关"，北齐时改成了"纳款关"，唐代最初称它为"蓟门关"，后来又被改作"军都关"。但自从辽代以后，金、元、明、清一直到今天，人们便始终称它为居庸关。现在所保存下来的关城，最初建造于明朝洪武元年（1368 年），主要是由当时著名的两大将军徐达、副将军常遇春规划创建的，他们在完成此项巨大而又重要的工程时可谓是呕心沥血，不辞辛劳将当时整个关城建成圆周封闭形式，全长 4142 米，团状长城内既有供读书学习的泮宫和叠翠书院，也有供商贾行走的买卖街，既有专供参拜的城隍庙，也有特为迎驾皇帝到来的行宫。而在清末以后，这其中的大部分都逐渐荒废了。

（二）战争史

只要提到有关居庸关的历史，人们就会自然想到战争。的确，居庸关是古代历史上战争的产物。它是因为战争的原因而被建立并被保存下来的，所以我们就会用"历代兵家必争之地"、"一夫当关，万夫莫开"之类与战争有关的词语来形容它作为军事重镇的重要性。

1. 居庸关的地理位置

说到居庸关，我们不得不说它绝妙的地理位置，如果坐飞机从高空俯看的话，你就会发现，居庸关是在一条长长的峡谷之中的一道山梁上，这条峡谷被

称为"关沟"。关沟是指从南口（亦称下关）到八达岭的那条山沟，长约二十公里（实际十八公里左右，但通常说四十里关沟）。这里在古代被称为军都陉（陉，山脉中断的地方、山口），太行八陉之一。其地理环境是高山耸立，层峦叠嶂，两边全是悬崖峭壁，中间峡谷夹峙，峡谷中有的地方水流湍急，有的地方蜿蜒曲折，真可谓奇、险、峻，古代被称为战略要地。此陉也是古代从燕国出发经过晋国去往北边内蒙塞外的咽喉之路。而为何称之为"关沟"？原来，在这条大峡谷中关城林立，更是因为居庸关城设址于此而得名。从八达岭外的岔道城算起，一路要经过八达岭关城、水关、上关（现在只剩下遗址）、居庸关、南口关共五道关口。其中八达岭关城和水关处于长城线上，其余几关都属于关沟防御体系的纵深布置。也就是说，想从此处进入中原大地，简直是异想天开！因此，它曾经是明朝时期北京防卫体系的重中之重就显得不足为奇了。上关一带还是北京市的延庆县和昌平区的分界线，关沟的南口（即下关）属于我们国家地形的第三级阶梯沿海平原，海拔一百米，而到海拔约七百米的八达岭外，已进入了第二级阶梯——黄土高原，这也正是清朝詹天佑当年修京张铁路的难题之一。因此，行走在这关城林立的关沟之中，不就是走在高原与平原之间、太行与军都之间、延庆与昌平之间、历史与现实之间吗？仿佛是进入了仙境一般，让人心中充满欢欣，充满幻想。

关沟的地形极为险要，大有"一夫当关，万夫莫开"之势。正是因为这里地势险峻，决定了它在军事上的重要地位。而作为首都北京或者说是中原大地的西北门户和屏障，以"绝险""天险"著称的居庸关自然就显现出了其无可替代的军事作用，它必将成为历代兵家必争之地。所以居庸关发生过很多次载入史册的战争。

2. 战国时期的居庸关战事

早在春秋战国时期，在燕国的西部，盘踞着国力强大且气势凌人的秦国，它的存在对燕国的安全来说绝对是一个潜在的巨大威胁。因为从当时战国七雄之间你死我活的争斗中，人们很容易就可以看出这样一个事实：秦王嬴政为什么一直都觊觎其他六国的土地呢？他的野心很大，他就是想要统一六国，称霸中原！小小的燕国在面对这么一个强劲对手时，怎么会感觉不到害怕呢？经过深思熟虑，为了自身的安全，燕国国王在没有其他更好的办法的情况下，只得拨下大笔的金银，征派了大量的人员修建了易水长城，接着又修建了北长城。这个时候，居庸关是燕国在北方设立的一座要塞。因为燕国的北部与东胡接壤，当时的胡人又不老实，经常有事没事就来骚扰一下燕国的北部边境，同时少不了又干点顺手牵羊的事情。自从公元前 663 年"伐山戎之战"开始，双方就三天两头地打一仗，燕国从此以后就再也没有安宁过，所以只得利用险要的山川形势来加固长城。

3. 秦朝时的居庸关战事

秦王为了更快地统一六国，也利用险要的山川形势加固"居庸塞"，其目的显而易见是为了军事攻防。公元前 221 年，秦始皇经过处心积虑的谋划、英勇无畏的战争厮杀最终消灭了六国，建立起中国历史上第一个统一的专制集权的中央政府。中央集权的建立宣告了春秋战国时期诸侯割据称雄的混乱时代的结束。这在中国历史上绝对是一件了不起的大事。中国的历史也因此第一次出现了"皇帝"这样一种称谓，秦王嬴政称自己为"始皇帝"。然而就在秦始皇忙于同六国进行战争的时候，北方的匈奴也迅速地强大起来，特别是在秦始皇兼并赵国、燕国的过程中，没有时间去顾及北方的匈奴，他们就乘虚而入不断地南下。

在秦始皇统一中国之后，考虑到北方匈奴在未来可能带来的军事上的威胁，于是派遣大将军蒙恬率领三十万大军抗击匈奴，很快就把匈奴打退，并且还把他们向北面大漠进行驱逐。这一行为有力地打击了北方的少数民族，边境暂时得以安宁。在当时的情况下，军事装备和战斗武器都很落后，所有人都知道只要能够守住主要关口，一道长城就如一道巨型屏障可以把敌人远远地阻击在外，使他们根本就得不到靠近中原的机会。所以为了充实收复的失地、巩固中央集权国家的安全和中原地区人们生产生活的安定，更是为了军事上更好地防范北方的匈奴，秦始皇开始征派大量人员重新修筑长城。他首先在原有的基础上先加固燕、赵和秦北部的长城，在经历了无数个日日夜夜的奋战，牺牲了无数人的性命的基础之上，人们用血汗修筑起了一道西起临洮（今甘肃岷县），东到辽东的蜿蜒盘旋、绵延万里的长城。不过这条长城并不是我们今天所见到的居庸关、八达岭一线的长城，秦长城是在其北面的，在历史上"居庸"地区的出现，和秦始皇大量移民用来开发长城沿线、保证长城防御有关。西汉时期的"居庸关"只是"居庸"与军都之间的一个关口，确切地说只是一个关塞而已。

4. 东汉时期的居庸关战事

直到东汉时期政府才开始在这里设立关城。1971 年在内蒙古自治区和林格尔县小板申村，人们发现了一座距今约一千八百多年的东汉墓，从墓中发现了刻在四壁、顶部以及甬道两侧的壁画，画面内容丰富，人物形象栩栩如生，并且还在多处都题了字。壁画中有一幅是描绘墓室主人由繁阳（今河南省境内）到宁城（今河北省万全县一带）任职时，经过居庸关时的情景。墓画显示出当时已经建有关城，还详细地绘出了关内外过往行人和车辆的生动场面，同时在画中还有舟渡。这幅画很长，上面有平顶八字形的桥梁，桥下河水湍急，墓主人的随从也很多。水门下面题有"居庸关"三个字。这是迄今发现的最早描述居庸关的画幅，它对当时居庸关的交通状况作了比较真实的描述。资料中的关于居庸关的描述让我们知道，在汉代，居庸关不但已经出现，而且已经是一个经济发达、闻名遐迩的重要关城。在汉代元初五年，曾有鲜卑人攻打居庸关，同汉朝守城大将进行了激烈的战斗。

5. 南北朝时的居庸关战事

南北朝时，人们把关城的建设与整个的长城连在一起，其军事要塞的地位进一步得到增强。北魏孝昌年间（525—527 年）杜洛周起义军曾经将据守居庸关的都督元谭赶出居庸关，占领了它。而在这一时期，居庸关的规模不断扩大，它的扩大不仅体现在在原来关塞的基础上修建了关城，而且还体现为在居庸关的南口、北口（八达岭）也修建了关城，这样就把中间一段峡谷封闭了起来。这时居庸关的范围指的是上、下关城和四十里长的关沟峡谷的总和。从此，居庸关与长城相结合，成为它的重

中国古代著名关卡

要关口，成为长城防线的组成部分。

10世纪初，我国由唐朝进入五代十国时期，这就是我国历史上的辽、金、元时期，北方的各个民族都在不断入侵中原，而在此过程中他们又大多以沿边各关口如山海关、居庸关、紫荆关等等作为突破口。游牧民族的南下在中国历史上起到了进一步促进多民族经济文化大融合的作用，而作为重要关口的居庸关，就是这四百多年间民族大融合的见证者。

6. 两宋时期的居庸关战事

辽金两朝的灭亡与在居庸关发生的一系列战争有着密切的关系。辽在与唐宋王朝抗衡期间，双方曾经多次在居庸关展开血腥的激烈战争。如在唐天祐十四年，契丹人进攻幽州，幽州节度使周德成率领守城将士奋勇抗击，经过艰苦的还击，终于成功地把敌人阻击在关城之外，从而解除了都城的危难。辽代末年，金兵攻打居庸关时，辽国士兵依据地理优势，隐蔽在居庸关两边的悬崖下面，谁知突然间崖石崩塌，许多士兵被压死，辽国军队的士气因此受到极大的打击，而城外的金兵又虎视眈眈，守城主帅看到此种状况，自知败局已定，无心恋战，只得悄悄临阵脱逃，弃关出逃，守城的辽军发现主帅早已弃兵而去，就全部出城投降了。对金兵来说这是至关重要的一仗，它标志着进入中原的门户已经被打开，他们以虎狼之师迅速挥师南进，一路势如破竹，所向披靡，最后直取辽国都城燕京。

金代，燕京成为金国最大的城市，金人设立了很多的商品交易市场，他们与西方以及西北各民族进行贸易，他们的贸易物一般都是牲畜、战马等，而在这种商业活动中，居庸关是作为活动进行的通道存在的。金朝后期，金兵占据居庸关，元兵曾经多次攻打该关，但都没有成功。金兵明白一旦居庸关被元军攻破，金国就面临着和辽国一样的命运，因此用重兵死守居庸关并加强了对该地的防御。嘉定二年（1209年）元太祖亲自出马，率领大军再次进攻居庸关，金兵用铁水将几道关门封死，并且在关沟内外布满铁蒺藜，同时选派精兵防守。元兵久攻不下，最后便采用"声东击西"之计，留一部分人马屯守居庸关外，暗中把主力部队向西南转移，去进攻离居庸关不远的紫荆关，然后绕道涿、易二州由关里向外，两面夹击，最终才得以占领了居庸关，随后元兵从居庸关一直打到了中都。经历多次攻打居庸关，朝廷真正认识到了居庸关的重要性。元世祖忽必烈即位后，在1267年，重新修筑了新城——大都，为了整肃关塞，对来往的行人进行收查，他在今居庸关上关附近修筑了北大红门，在居庸关关城北门一带修筑了南大红门。这两处关防的主要作用是便于在早上开启城门、晚上关闭城门，以加强防范与戒备。1312年，元朝廷在居庸关正式设立了龙镇亲为军指挥使司，进一步加固了居庸关的防守。元代，居庸关是大都（今北京）通往上都（今内蒙古自治区多伦）的交通要道，起着重要的交通枢纽作用。伴随着元代一系列基本防御体系设施的建立，居庸关的建设达到了相对完善的地步。

7. 元朝时期的居庸关战事

元代的皇帝一般都不太适应大都的炎热，都习惯到北方去避暑，所以居庸关成为皇帝来往大都与上都的必经之地。作为皇帝专用通道，关沟峡谷四十里的山道得到一定程度的修整；而作为行宫，人们在居庸关内建造了花园、寺院和皇帝住宿的地方。在这一时期，居庸关的经济、文化和建筑的发展出现了一个很大的飞跃，关沟也日渐繁荣起来了。元代时的居庸关已经有了一个规模宏大的建筑群，有过街塔，有气势宏伟的永明寺、穿碑、花园，还有像棋盘一样排列整齐的房舍和皇帝及随从人员居住的宫室建筑，这些建筑与峰峦、山川、树木互相辉映，形成皇家昔日盛极一时的地方。这一时期相对比较安定，居庸关在军事上的地位并不十分重要，但到了明朝，情况则大大地改变了。

8. 明朝时期的居庸关战事

历史的车轮永不停歇，它向我们诠释着胜极必衰的道理。到了元朝末年，朱元璋率领军队也是以先攻打居庸关为前提，然后才得以直接攻取元朝的都城

大都（今北京）。到了明朝，居庸关作为军事重镇，其建置更加完备。原因在于自朱元璋消灭了元朝之后，元顺帝虽然被驱逐出了大都，但仍想东山再起、卷土重来恢复元朝的统治。此时，东北的女真族也相继兴起。为了防御北方的骚扰和入侵，在这个非常时期，居庸关的防御作用就显得十分必要了，

也更加重要了。

于是明朝初年朱元璋拨下巨款，派遣信国公徐达督办北长城的修建事宜。徐达，字天德，濠州（今安徽凤阳）人，祖辈都依靠农业为生。22岁投奔朱元璋，转战江淮，屡立战功。元至正二十七年八月，被朱元璋封为信国公。

徐达是明朝的开国元勋，于洪武六年至八年、洪武十四年至十七年出镇北平。在此期间为阻止元朝残余部队向南侵扰，徐达特别重视燕山山脉的防御工程，倾注了大量的心血。收复大都时，他派傅友德、顾时等部将分别巡查和抢修古北各个关口。经过不懈的努力，明朝建立起东起鸭绿江、西抵嘉峪关、绵亘万里的长城防线，同时进一步增强居庸关的军事防御功能。这一次还为居庸关修筑建造了水陆两道关门，南北关门之处都有瓮城。关城外南北山险要的地方，还修筑有护城墩6座、烽燧18座等防御体系。明朝景泰年间又经历了持续不断的修葺和维护。现在南北关城券门上的匾额就是当年修居庸关的真迹。

洪武五年（1372年），明朝军队分三路进行北征，主力军在土剌河遭受到严重的挫败。考虑到当时国内的政治形势和经济状况，明太祖朱元璋因此放弃了武力统一中原诸部的想法，继续实施政治上笼络争取的方略，同时在军事上推行战略防御。以此为转折点，北方地区开始大量地建设军镇、修筑城堡、建立卫所、修建关隘、设置墩台，继而便是旷日持久地营造万里长城。在明朝两百多年的历史中，一直没有停止对长城的修筑和加强长城的防务。其工程之大、耗资之巨，在中国历史上是独一无二的。居庸关在这一历史时期也得到了大幅度发展，是继元朝居庸关大规模发展后的第二次辉煌，并达到了它的鼎盛时期。

明朝的统治末期，整个国家都处在风雨飘摇、动荡不安的状态，官员贪污受贿，胡作非为，搜刮民脂民膏更是肆无忌惮，老百姓赋税沉重，苦不堪言，怨声载道却无人诉说。明朝末年李自成率领的农民起义军顺应民意，真可谓是一呼百应、风起云涌，百姓更是揭竿而起，积极响应，蜂拥而至，一路上摧枯拉朽，攻破汾州，夺下太原，攻取宁武，攻克大同，宣府总兵姜瓖闻风丧胆，开城迎降。农民起义军乘势挥师东进，绕过八达岭外的岔道城，直接攻取柳沟城。进入峡谷后，一路人马沿河谷向西翻山越岭攻打居庸关，李自成亲自统率大军向南攻打德胜口。居庸关总兵唐通、监军杜之秩见起义军突然间到达关前，以为岔道城、八达岭、上关城三道防线都已经被起义军突破，于是他们不战自降。起义军攻克居庸关，而后得以进军北京城，明崇祯皇帝吊死于煤山，腐朽的明王朝统治就此结束。

9. 近代以来的居庸关战事

1937 年 8 月初，汤恩伯被任命为第 7 集团军前敌总指挥，负责指挥平绥路东段作战。第 13 军（辖第 4、第 89 师）布防于南口、居庸关、得胜口一线，担负正面防御任务。9 日，日军向南口正面发动进攻，第 89 师官兵凭借当地多山的环境阻击敌人，顽强抵抗，中日双方伤亡均惨重。14 日，第 94 师开至南口前线，置于第 89 师与第 84 师防地之间参战。至 16 日，南口、居庸关争夺战已经超过了一周的时间，日军仍毫无进展，于是避开正面，以第 5 师主力攻击我守军右翼横岭城、镇边城，企图从居庸关侧面进攻。汤恩伯命令第 4 师增援，日军以每路五千人的兵力，在飞机大炮掩护下，分三路向第 4 师阵地进攻，战况异常惨烈。25 日，日军猛攻横岭城、居庸关一线，并施放毒气，最终，南口失守。南口战役中国方面投入兵力六万余人，日军动用兵力约有七万，此次战役持续 18 天，虽然我军伤亡惨重，但仍歼敌 1.5 万余人，极大地挫伤了日军的气焰，打碎了日军狂妄叫嚣的"三个月内占领中国"的企图。

透过居庸关发展的漫长历史，我们可以看出，随着时间的推移，居庸关经历了出现——发展——发达——鼎盛——历史遗迹这几个过程，在这个过程中发生在居庸关内外的一系列战争都证明，作为军事要塞的居庸关是坚守在自己手中还是被别人占据，是关系到一个政权安危存亡的头等大事，其作用之大，是其他关塞所不能与之相比的。并且在辽金时期，居庸关不但具有军事防御的作用，还是南北经济往来的交会地，呈现出经济上和文化上新的繁荣。

三、居庸关的作用

人们只要听到或者想到居庸关，就会很自然地想到居庸关作为军事重镇，在历史上曾经见证过的无数次的刀光剑影，无数次的兴衰荣辱，然而，其见证的并不都是战争战乱、皇帝的威严、龙行仪仗的隆奢、国家的荣辱兴衰，更见证了北方各民族之间经济、文化的交融和发展。

居庸关虽然离北京很近，但它大体上仍是一个分水岭，气候的分水岭，生产、生活方式的分水岭，由此也自然成为了文化上的分水岭，关内与塞外各民族间的交流是频繁的，而这种交流也造就了关城的繁荣。所以在这些刀光剑影背后确实存在着另外一幅截然不同的、我们不应该忽略的场景，那就是"民族文化交流的枢纽"，居庸关的这一身份可以和它作为要塞的角色相提并论。非战争时期，居庸关是一座构架关内和关外民族交流的枢纽，过往的车辆马匹多是商旅。

居庸关的枢纽作用源于春秋战国时期胡人对燕国的骚扰，到了秦朝，虽然说秦始皇的最初目的是为了抵御匈奴的南下，但是，在整个秦朝时期，匈奴人与汉人之间还是有沟通的，而居庸关是必经之路。

汉朝时期，政府在居庸关设立关城。1972 年，在内蒙古和林格尔发掘出了一座汉代古墓，墓壁上有一幅居庸关的画面，从这幅画上我们可以看出当时关内外人来人往，车水马龙，一片繁荣景象。所以，在一千九百多年前的汉朝，关内外各方面的交流已是相当频繁了，各民族的交流促进了居庸关经济贸易、交通运输的发展。

在北齐时期，居庸关也曾被叫做"纳款关"，这证明，当时居庸关不仅在军事上，而且在经济贸易上也发挥着重要作用，而这也是民族交流融合的结果。

随着时间的推移，到了辽金两代，随着关外民族进入内地，居庸关成为南来北往的交会地，在经济文化上更加繁荣。辽国比较重视农业发展，他们将大

居庸关

量的汉人迁到长城以北，这样就使得中原地区的生产工具和生产技术广为传播，促进了当地经济的发展。当时，作为交通要塞和南北交会之地的居庸关，在南京（今北京）与西域、中亚等地进行的广泛经济文化交流中，发挥着十分重要的作用。后来的金国以燕京城（今北京）为中都，当时的燕京成为金国最发达城市，金人设立大量的贸易市场，和别的部族交换牲畜、战马等物品，当时居庸关是这种商业活动的重要通道。1272年，忽必烈迁都北京，1279年，南宋最后灭亡，中国统一于元之下。从此，元代的居庸关成为了皇帝经常通过的必经之路，也成为他们途中的驻扎休息的地方。作为御路，关沟峡谷二十公里的山路得到一定程度的修整。在这一时期，居庸关的经济、文化，出现了一个飞跃。作为行宫，居庸关的建筑也有了一个空前的发展。当时，居庸关内建有花园、寺院和皇帝住宿的地方。由于塞外民族的进入，增强了彼此间经济、文化、军事上的交流，互通有无，取得了共同的发展。

因为战乱、自然灾害等诸多原因，居庸关曾经多次遭到破坏，又多次被修复。明代是万里长城修建的鼎盛时期，也是居庸关修建的鼎盛时期，其关城防御体系自北而南由岔道城、居庸外镇（即八达岭）、上关城、中关城（即居庸关城）、南口（即下关）五道防线组成，而居庸关则是指挥中心。负责关城守御的是隆庆卫，配有盔、甲、长枪、弓、箭等军械和火器。不仅关城建筑完备，还设有衙署、仓储、书馆、神机库、庙宇、儒学等各种相关设施，文化内涵极为深刻。

四、居庸关的气候

居庸关及其附近的风景也是历代文人墨客的赏析之处，无论是春夏秋冬，都有其各自特征，与附近其他风景相比也独具特色。有诗为证："燕南碧草还飞蝶，已见桑干带雪流。"长城以北，是海拔五百米左右的延庆盆地。由

于气温的差异，居庸关以北比北京城的四季相差约半个月。登上长城，可以看到"塞外关内两重天"的截然不同的风光。

居庸关的春天，仿佛是害羞的女孩，总是姗姗来迟。三月下旬的平均气温还在零下1℃左右，但一过四月中旬，气温却骤然回升，四月下旬的平均气温达12℃，点点绿意点缀在山岭陡坡之间，使得古老的长城充满了生机。五月平均气温为16℃，这时，春风和煦，冷热适宜，转眼间千山盖绿，草长莺飞，春意盎然。

居庸关的夏天，虽然时常会骄阳似火，但不时会有清凉的山风徐徐吹来，使人顿时心旷神怡，暑气全消。到了盛夏时期，最高气温33℃左右，比北京城区低约5℃，但昼夜温差极大，三伏天夜里睡觉也离不开棉被。到了七至八月，就是居庸关地区的雨季了，这里的雨来得急，下得猛，但是去得也快。时常是天说变就变，一阵雷声滚滚，接着大雨倾盆，雨过之后，天高气爽，空气清新，一阵微风吹来还会伴有青草、野花及泥土的气息，并且常伴有蒸发雾、辐射雾的出现。这时候，云雾缥缈，长城浮现在云雾之端，如一条矫健的巨龙，腾云驾雾，时隐时现，奇美异常。九至十月，居庸关的秋天到了，秋风一吹送来了清爽的气息，平均气温约在11℃—16℃之间，平均相对湿度60%左右，最为宜人。时常是微风拂面，天空高远，万里无云，空气清新，能见度高，放眼望去，可将长城风光尽收眼底，因此，这一时间是游览长城的最佳时机。一场秋霜之后，居庸关长城两旁的黄栌叶、枫叶、颜色绯红。观赏"红叶"要比香山早约半个月，十月一日左右，是旅游赏光的最佳时间。而在长城塞外，湛蓝的天底下，朵朵白云升腾浮游在山峦之间，层林尽染，万山红遍；此时关内却苍绿依

然，使人对"塞上风光"留下强烈的印象。

　　居庸关处于北京西北主要风沙地带，冬季风天之多、风力之强为全市之首。风沙肆虐是居庸关的突出特点，全年风日可达 280 天，8 级以上大风几乎每年都要出现一次。遥想当年的守城士卒，在朔风凛冽中守卫是何等的艰辛，何等的悲壮，不禁让人肃然起敬。大风天登上长城，靠着外侧垛墙扶着栏杆缓缓行走的话，大约可减少风速 68%。居庸关有"一场积雪赏一冬"之说，入冬一场大雪之后，山阴沟谷，冰封雪冻可以长时间不融化。这时登上长城远眺，千山万壑，白雪皑皑，山舞银蛇，一片银装素裹，一派北国风光，不仅让人联想起毛泽东的诗句："千里冰封，万里雪飘，望长城内外，惟余莽莽……"一片肃穆之气，使得长城、云台轮廓格外清晰，更显出其博大雄壮的迷人风采。

五、居庸关的景点

居庸关风景宜人，许多景点为世人敬仰，每年来这里的中外游客数不胜数。居庸关山峦重叠，花木苍郁，远望如碧波翠浪，景色优美。金代章宗所定的"燕京八景"之一"居庸叠翠"，就指这里。关城内，元代至正五年（1345年）所建的汉白玉石云台，现在是全国重点保护文物，从远处眺望，云台仿佛在祥云顶端一般，由此而得名。居庸关关城所在的关沟两旁，山势雄奇，中间有一条长达十八公里的峡谷，俗称"关沟"。这里清流萦绕，翠峰重叠，花木浓郁茂盛。山中百鸟争鸣，为北京西北一处胜境，其附近自然景观也十分壮美。1982年，居庸关又以其重要的人文和自然景观价值，划入八达岭—十三陵风景名胜保护区，成为其中重要的景点。

居庸关得天独厚，有许多名胜古迹，最著名的自然首推八达岭长城。八达岭长城是举世闻名的万里长城中非常雄伟壮观的一段，长城墙身高大坚固，平均高达 7.8 米，上窄下宽，墙基宽约 6.5 米，顶部平均宽 5.7 米。墙基用整齐巨大的花岗岩条石铺成，每块重千斤以上。城墙上部包砌大城砖，里面充填土石。城墙顶部用方砖铺砌，整齐平坦，可以容纳五匹马并列行走，或十行并进。城墙上两旁有矮墙，称女墙。内侧女墙是防跌的；外测女墙有垛口，上部小口供瞭望敌情，下部小口供射击。城墙上每隔 300—500 米就有一处敌楼或墙台，作巡逻放哨或攻战用。敌楼下层还可以住人或放武器，彼此互为犄角，可以交叉射击。在城墙里侧，每隔一段距离有券门，门内的石阶是守兵上下城墙的路径。尽管古代科技不发达，没有现代化的交通工具，但古人仍有自己的通讯方式，沿长城的制高点上设有烽火台，以传递警讯。一旦发现敌人，白天采用放烟的方式报警，夜晚则以点起大火的方式报警，把信息迅速传到指挥部门。以上这些设施构成一套完整的防御工事。这里的长城有两处高峰：北高峰和南高峰，最高点海拔约为一千米。登高远望，但见巨龙蜿蜒起伏于燕山群峰之上，连绵不绝。它从远方烟云深处奔舞而来，又朝天际飞腾而去，不见首尾。环顾脚下，官厅水库闪闪发光，向南眺望北京，天气晴好时可以看到楼群。山河壮丽，真乃伟观！

值得一提的是八达岭城堡东门外有一块大石叫"望京石"，天气晴朗时，登石上南望，隐约可见北京城，夜晚能看到城里的灯火。据说1900年八国联军进攻北京时，慈禧太后携光绪帝逃往承德时经过此处，曾站在石上回望京都，唏嘘良久。这块石头也因此得名。在这个时候我们不得不提到一个人和他写的一本与居庸关有着密切联系的书，他就是清朝的龚自珍，那本书的名字叫《说居庸关》，龚自珍的这本书写于致使国家命运、民族命运逆转的鸦片战争爆发的前四年。龚自珍一向注重研究外敌入侵中华的历史，又精通史地学。在书中，龚自珍充分论证了国家的安危并不决定于地势是否险要，而在于各民族的团结和国力的强盛。联系这些大背景，读者可以更深切地认识到《说居庸关》所折射的居安思危、警钟长鸣的思想光芒，确实是真知灼见，难能可贵！如若清政府能够真正地重视仁人志士的这种关心国家时局的思想和建议，那么中国的近代历史将会被改写，那么我们宁愿没有这块"望京石"。此外，从关沟口，即南口向南望，隐约可见"二龙戏珠"之形，也是一景。所谓二龙，指谷地两侧的大山，所戏之珠乃是南口镇旁两山尽处一个孤立的山丘。两山一丘，天造地设，相信龙的古人就把它看成"神祇"。古人曾称北京龙蟠虎踞，其缘由大概与此有关吧。至于那些与宋时杨家将有关的景点，如"六郎拴马桩""六郎影""穆桂英点将台""五郎像"等都是不能相信的，因为在杨家将叱咤风云的时代，北京已经被辽国占据了，那么试想一下，杨家将怎么可能不顾路途遥远到达这里抗击辽国的入侵呢？这些大概是因为后人太过爱慕英雄而有意假托和附会的吧。

（一）居庸关上的军事设施

1. 瓮城与南北关

南关瓮城的大致形状就像是一个马蹄，南关主城门呈南北走势，向上有重檐歇山城楼一座，自地面计算高31.8米，瓮城西侧有瓮城城门通往关城向南的大道，在弧形瓮城城台上设有炮台，陈列着明代古灯，外墙有垛口，内墙低矮无垛口。作战时可将敌人诱入瓮城，再放瓮城闸门，主城关闭阻其入城，敌人就被困在瓮城里，只能束手就擒，有"瓮中捉鳖"之意，因此得名瓮城。在瓮城之中建有一座福佑关城的关王庙。北关与南关作用相同，呈长方形的瓮城上设有炮台，瓮城城门朝向北侧，北瓮城中建有北方镇守大神真武庙，庙内供有十二生肖神、水火神、八天将神和真武大帝神像。这些被供奉的神能给人心理上的安慰，让我们的城池更加固若金汤。

2. 古炮

在居庸关南翁城和北瓮城的城墙上面分别陈列着五门大古炮。南瓮城陈列着"大将军铁炮"两门，长1.7米，炮口口径8厘米；"竹节铁炮"3门，长1.7米，炮口口径15厘米。北瓮城陈列"大将军铁炮"2门，长1.77米和1.79米，炮口口径7厘米；"竹节铁炮"3门，长为1.08米、1.5米、1.7米，炮口口径为14厘米和8厘米。

明代是我国古代大炮制铸和使用最为兴盛的时期。元朝末年，朱元璋起义时，和州人焦立向他呈献十支新式武器，当时被叫做"火铳"，这种新式武器可以借助火药来发射铁弹丸，当时称为"火龙枪"。明朝建立以后，朝廷专门设有兵仗军器局，用以研制铸造大炮。

在当时，大炮被称为"神威大将军"。在军队中，设有专门使用大炮的军机营。在当时看来，可以说是一支攻无不克战无不胜的高科技军队，所以京城卫戍、长城关口等重要关塞都配备神机营。

明成祖下令在长城沿线安置大炮，还装备了"佛郎机""神枪""铁铳"等在当时来说非常先进的武器。据《明史兵志》记载，到了明代中叶，大炮的铸造工业逐渐精良，制造出的"红夷大炮"长可两丈有余，重三千斤。一发炮弹足以将坚固的城墙打出一个缺口，声震数十里，威力之大，可想而知。这种炮，还配备有照门和准星用于瞄准，射程可达五百多米。站在古炮旁边遥想当年，我们仍能感受得到它的神威。在修复居庸关北关城时，发掘出土石炮弹二十三枚，最大直径为十五厘米，铁炮弹六枚，最大直径五厘米。

3. 仓储

居庸关现有的仓储包括永丰仓、丰裕仓等，都是明代囤积军用粮草的场所。

旧时居庸关关城与水路河流相连，军用粮草都是由水路糟运到关城的，查收后，屯入仓储，最多时，仓储内要囤积一万四千兵马近一年的粮草。以永丰、丰裕两仓为中心，山前峪中遍布粮仓，草场，借此防备敌军长时间围城阻断粮路。丰裕仓始建于明永乐元年（1403年），是当时居庸关守军隆庆左卫的粮仓。此外还有永丰仓一座，圆仓三座。站在仓储之中，仿佛能感受到居庸关数万兵马在此补给的情形，那是何等的壮观！

（二）居庸关的庙宇祠堂

1. 城隍庙

城隍是道教所传守护城池的神。城隍庙建于明朝洪武年间（1368—1398年），由于年代久远，破损厉害，于是清乾隆在1765年将其重修。新中国成立后，于1997年修葺完成，是目前居庸关最大的庙宇。

城隍庙的整个建筑样式为：正殿三间，寝殿三间，庙门三间，戏台（勾连搭形式）三间，上述建筑的屋面为黑琉璃瓦黄剪边。在它的东面和西面各有配殿三间，山神庙一间，土地庙一间，上述建筑屋面为黑琉璃瓦绿剪边。城隍庙是用砖头和木头建造而成的，正殿为起脊歇山形式，配殿和庙门为硬山形式，彩画为旋子大点金形式。城隍庙的总建筑面积为538平方米。城隍庙殿内陈设为：正殿正中央的主神台上放有一尊"居庸关都城隍"，这尊像有三米高。在城隍的两侧各有一尊仕女，而在城隍的身前两侧一边是一位文臣，另一边是一位武将。在正殿的两山神台上面放置有以坐姿形象出现的四名判官，他们分别是掌刑判官、掌生死判官、掌善判官、掌恶判官。两山分别放有以站姿形象出现的书记官两名。在四个山墙角，放置的是以站姿出现的"牛头""马面""黑

无常""白无常"。正殿的内墙壁上面绘有壁画，它们是"十善图""禹门图""十八司""双龙图""皂隶图"，正殿里面挂了四块匾额。城隍头顶，是一块书写着"浩然正气"四个大字的匾额。正殿的门头上挂了一块写有"城隍殿"三个字的斗字匾，寝殿中房站着身穿便装的城隍和城隍夫人，两侧分别为卧房和书房。两配殿为"阎王殿"，塑有十殿阎王，配殿内墙

中国古代著名关卡

壁绘有"龙图"和"十八层地狱图"。山神庙塑山神和山神夫人，土地庙塑土地神和土地夫人，两庙内绘有"二十四孝"壁画和两幅"山水"壁画。庙门内，塑马将军像一尊、白龙马一匹、轿夫两尊。庙门内安置轿子一顶，墙面绘"城隍出巡图"和"回銮图"两幅，庙门外安放石狮一对。

城隍最初起源于古代的水墉（沟渠神），是道教所传守护城池的神。中国古代称有水的城堑为"池"，无水的城堑为"隍"。据说三千多年前的周代，除夕要祭祀八种神，其中就有城神、隍神，以后两神合二为一，就成为城池之神了。城隍神最开始是城墙护城河神化了的产物，它们是自然神。然而伴随着城市的建立和发展，城隍神逐渐演化成社会神。道教认为城隍是剪恶除凶、护城安民之神，能满足人类的需求，天气大旱时祈求它上天就会降雨，而当洪涝发大水时天就及时转变成晴天，这样城隍就成全了人类祈求五谷丰登、安居乐业的美好而又善良的愿望。

城隍神原型在中国的出现最早可追溯到距今五六千年的新石器时代晚期。而建造城隍神庙最早是从三国东吴开始的，当时他们是被建造在安徽的芜湖一带，以供人们前来拜祭。到了唐代，祭祀城隍的活动变得越来越普遍了。人们根据自己的心理需求，对于一些在地方上曾经做出过巨大贡献的开明人士，在他们死了之后将其供奉为城隍神，希望他们能在天上继续福佑乡土，保护百姓。宋代祭祀城隍更是遍行全国各地。明代由于朱元璋封天下城隍的大肆举动和越来越完善的祭祀城隍制度，上至达官贵人、皇亲国戚，下到黎民百姓都纷纷涌向城隍，对城隍的信仰达到了鼎盛时期。

明太祖朱元璋登上皇位不久，就下令在都城南京大规模地修建宏大的城隍庙，并且颁布城隍神的封号爵级，敕封京城城隍为帝；开封临濠等地的城隍为王；府级城隍为威灵公，相当于官位二品；州级城隍为显佑伯，官居四品，并按照级别，配制服饰。另外，城隍还管领亡魂。朱元璋还为城隍组织了一套机构，设有判官和衙役，道教乘机声称"城隍老爷"有权拘捕活人到阴间，死人的阴魂也都首先到城隍庙去接受审问，最后才得以进入天堂或者地狱。每月的初一、十五人们都是成群结队地入庙进香以求得全家平安、五谷丰登；新官上任要向城隍报到以求得平步青云，官运亨通；城隍、城隍夫人过生日时，人们就在那演戏祝寿；清明、七月半、十月人们会抬着城隍木像出城巡逻，场面很是壮观。每次祭祀活动来参加的人都是非常多的（尤其是"三巡会""城隍诞会""求雨求晴"）。明代以后的城隍庙，多是模仿人间官署衙门的样式而建，庙则多神杂居以满足人们不同的心理需求。

在今天看来，朱元璋如此重视城隍神是有他的目的的。据史料记载，朱元璋曾经对大学士宋濂透露过心里话："我立城隍神，就是让天下黎民百姓有畏惧心理，百姓有了畏惧心理就不敢胡作非为了。"说穿了，朱元璋大肆鼓吹神鬼的威力，不过是威吓震慑他的臣民，目的仍然是巩固他的江山、巩固封建统治。在这里建置城隍庙除为了护佑关城外，还有约束军民的用意。

2. 关帝庙

关帝庙始建于明朝正德年间（1506—1521 年），位于居庸关西山北侧，建筑面积 172.7 平方米。由正德皇帝敕建，它是供奉三国蜀汉大将关羽神灵的庙宇。关圣帝君，姓关名羽，字云长，简称"关帝"，俗称"关公"，河东解县（今山西临猗西南）人。关羽出生于东汉末年，为人英勇绝伦，与刘备、张飞桃园结义后，追随刘备为蜀国建立立下汗马功劳，生前以"忠、义、仁、勇"著称，死后被老百姓神化，成为封建时代忠臣勇将的典型。宋朝进封至"王"，明朝万历十年（1582 年）被封为"协天大帝"，明朝万历三十三年（1605 年）则改封为"三界伏魔大帝神威远镇天尊关圣帝君"，是古代儒、释、道三大教系共同供奉之神；关帝被列为国家重要祀典。关羽成了"忠义刚烈，忠勇神武"的

化身，他被人们视为武神、财神、商贾的保护神，人遇有争执时，求他明见决断，旱时人们向他求雨，同时他又被视为驱逐恶鬼凶神的最有力者。在清代，香烛业、剃头匠以及职业军士等奉关羽为行业神。

关帝庙建筑格局为坐西面东，庙门为南北向，正殿三间。歇山起脊形式，左、右配殿各三间，庙门一间，砖仿木建筑，檐、飞子等用砖砍磨而成硬山形式，全部为砖木结构。黑琉璃瓦黄剪边，旋子大点金彩画。受地势影响，关帝庙有两进台阶。台阶两侧安置拦板、望柱。庙后靠山砌半圆形院墙。庙内的主要塑像分别

中国古代著名关卡

为关帝、胡氏夫人，关羽的父亲、祖父和曾祖父以及黄忠、马超、赵云、张飞等三国蜀汉名将。关帝庙正殿中央是一尊以坐姿形象出现的泥塑关帝神像，此泥塑神像高2.5米，神像脸用金箔包裹，神像两侧柱子上绘有两条金龙，神像前是两尊以站姿形象出现的泥塑周仓、关平。殿内悬挂一

块写有"万世人极"的匾额，墙壁上绘有"三英战吕布""水淹七军""单刀赴会""千里走单骑"的壁画。南配殿，神台上放置有关羽夫人、胡氏夫人座像和两名侍女，绘有"教子""侍奉公婆"壁画。关帝庙院内安置有铁宝鼎一个，青龙偃月刀一口，该刀重八十公斤。明朝初年建造北京城时，人们就在各瓮城里同时建造了关帝庙，希望神和城一起福国佑民。居庸关内建有关王庙、关帝庙，是用封建礼教来约束守关将士要像关羽那样忠、义、仁、勇，同时也寓意有关羽在此镇守，关城坚固，不易攻破。1997年修葺完成。

3. 马神庙

马神庙（1996年修复）这组小巧的庙宇是供奉马神的，明朝弘治十七年（1504年）修建，清乾隆五十七年（1792年）重修。因为在古代生产力不发达的状况下，马匹是主要的交通工具，而在战争打仗时则更加需要战马，人们供奉马神，是为了祈求马的康健、繁衍旺盛、有战斗力。隋、唐、宋、辽，历代都有官方祭祀马神的制度。明太祖朱元璋命祭马祖诸神，在南京特命太仆寺主持祭祀活动，这一行为更显现出君王对作为战争工具的马匹的重视程度。由于年代久远，再加上人为和自然力的破坏，马神庙已经坍塌毁坏，如今重新修建后的马神庙供奉的有马祖、马王和水神、草神等神像。进入马神庙，首先看到的是在正殿正中有一尊泥塑的以坐姿出现的马神像，神像坐在一匹战马之上。马神两侧有泥塑的水神和草神，马神前有泥塑的两侍卫。南配殿有泥塑的以站立姿势出现的马王三尊，分别是"金日蝉""殷郊""房星"。北配殿有泥塑的以坐姿出现的"马社""马牧""马步"三神。马神庙墙壁绘有"抛线图""赐草医病图""晒袍图""降龙伏波图""饲马和牧马图""天马行空""龙马驮书"等壁画。

4. 吕祖庙

吕祖庙位于居庸关翠屏山上，坐东面西，始建年代不详，为古代道教庙宇。

吕祖庙于 1994 年被重新修复。吕祖庙规模较小，仅为一间，建筑面积 31.7 平方米。屋面为黑琉璃瓦黄剪边，庙内供奉吕洞宾。在民间，吕洞宾是一位与观音菩萨、关公一样妇孺皆知、香火占尽的人物，他们合称"三大神明"。唐宋以来，他与铁拐李、汉钟离、蓝采和、张果老、何仙姑、韩湘子、曹国舅并称为"八洞神仙"。在山西民间信仰中，他是八仙中最著名、民间传说最多的一位，也称吕祖、吕帝、孚佑帝君。百姓们把他供为剑仙、酒仙和诗仙。

吕洞宾，原名吕岩，字洞宾，道号纯阳子，故乡在河中府永乐镇（今山西芮城县，现芮城县有纪念吕洞宾的道观——永乐宫）。他出生于世代官宦之家，祖辈都做过隋唐官吏，吕洞宾自幼熟读经史，有人说他曾在唐宝历元年（825年）中了进士，当过地方官吏。后来，他因厌倦兵起民变的混乱时世，抛弃人间功名富贵，和妻子一起来到中条山上的九峰山修行。他和妻子各居一洞，相对可望，遂改名为吕洞宾；"吕"，指他们夫妇两口，两口为吕；"洞"，是居住的山洞；"宾"，即告诉人们自己是山洞里的宾客。他在弃官出走之前广施恩惠，将万贯家财散发给贫民，为百姓办了许多好事。民间传说他在修炼过程中，巧遇仙人钟离权，拜之为师。修仙成功之后，下山云游四方，为百姓解除疾病，从不要任何报酬。吕洞宾一生乐善好施，扶危济困，深得老百姓敬仰。他死后，家乡百姓为了纪念他，为他修建了"吕公祠"。到了金代，因吕洞宾信奉道教，于是将"祠"改成了"观"。元、明两代封建帝王封他为纯阳帝君。元朝初年，忽必烈知道吕洞宾信奉的道教在群众中颇为流传，就想利用宗教和吕洞宾的声望巩固自己的统治，遂派国师丘处机管领道教，拆毁"吕公观"，大兴土木，修建了"永乐宫"。从修建大殿到绘制完成几座殿堂的壁画，历时一百一十年，几乎与整个元朝共始终。

5. 真武庙

真武庙是明朝洪熙元年（1425 年）所建。位于居庸关北券城内。真武庙所

供奉的主神为真武大帝。真武即玄武，是中国古代神话中的北方之神，道教所奉的神。相传古净乐国王的太子生神勇威猛，跨越东海游历天下，偶遇天神，赐予宝剑，随后在湖北武当山修炼，历经四十二年才得以成功，幻化成仙，威镇北方，号玄武君。宋

代皇帝因为避讳其祖赵玄朗名字，改玄武为"真武"。宋真宗时尊为"镇天真武灵应圣帝君"，简称"真武帝君"。元朝时加封真武为"元圣仁威玄天上帝"，成为北方最高神。明代对真武的信仰达到鼎盛，燕王朱棣称帝后，特加封真武为"北极镇天真武玄天上帝"，并将其所谓修炼之地——武当山赐名"大岳太和山"。

相传，洪武初年大将军徐达北征"屡有真武灵助之"，因而在居庸关关内修建此庙。真武庙建筑规制为正殿三间，东西配殿各三间，庙门三间，建筑面积228.4平方米。正殿屋面为蓝琉璃瓦黄剪边，配殿和山门屋面为黑琉璃瓦黄剪边。整个建筑为砖木结构，正殿为歇山起脊式，彩画为旋子大点金样式。修复的庙内有道教真武神八大元帅、六丁六甲神将、水火二将和青龙、白虎等神像。

6. 关王庙

位于居庸关南券城内，修建于明代正统年间（1436—1449年）。于1997年修葺。关王庙大门是朝向北方的，共计三间，为绿琉璃屋面，歇山起脊砖木结构，建筑面积为77.5平方米。关王庙内有泥塑的关王像、周仓和关平像，两边还有马超、黄忠、张飞、赵云以坐姿出现的塑像。关王庙有一副对联，上联为"桃园结义同生死"，下联为"赤胆忠心扶汉室"。这是后人纪念关羽、希望其能保佑一方平安的美好愿望，也希望像他们一样兄弟情深，和睦抗外。

7. 表忠祠

建于明弘治年间（1488—1505年）。位于关内西南侧，建筑面积159平方米。有正殿三间，左右配殿各三间，大门一座，它们均为布瓦屋面起脊样式。表忠祠是为纪念明朝副都御史罗通而建。罗通字学古，江西吉水人。明朝正统十四年（1449年），罗通奉皇帝之命镇守居庸关。同年十月蒙古族瓦剌部三万余人攻打居庸关，形势十分危急，罗通不顾个人安危，身先士卒，冒着生命危险带领守城士兵誓死据守着居庸关。不幸的是，虽然他们都豁出性命了，关城西南城墙还是被敌军攻破了，罗通一看形势严峻，容不得半点马虎，当即心生一计，命令士兵用布帐把被攻破的城墙团团围了起来，然后把冰凉的水浇在布帐上面，在寒冷的天气里布帐很快就结了冰，因此才得以阻止了敌军的进入。此战之后敌军又连续死命攻打居庸关七日，但都没能取胜。无奈之下敌人只得又转身进攻紫荆关，为了不留祸患，一举歼敌，罗通率领将士们乘胜追击，结果敌军被打得溃不成军，狼狈北逃。以此得以保住居庸关，同时首都也得以保全，安然无恙。因为抵抗敌军有功，罗通被提拔为右都御史加太子少保并得到皇帝的敕奖。弘治年间耆老潘昭明向皇帝上书请求为罗通建造一座祠堂以表彰他的忠诚，此后不久就为他修建了表忠祠，人们一般在春秋两季进行祭祀。

表忠祠正殿有以坐姿出现的罗通和其夫人像，两侧为侍卫。南配殿正中有一尊用泥塑造的张钦像。张钦明代顺天府通州人，当时是贵州道监察御史。正德十二年（1517 年），他视察居庸关，当年八月，武宗皇帝打算出居庸关去狩猎，张钦为了保护皇帝的安全，冒着被杀头的危险关闭关门阻止皇帝出关北上，并连续三次向皇帝陈述阻止皇上出关狩猎的理由。张钦对皇上忠心，武宗皇帝听从忠谏，君仁臣直成为美谈。张钦后来被提拔当了大官，当时叫做工部右侍郎。北配殿有一尊以坐姿出现的孙玺像。孙玺是隆庆卫指挥同知，后辈提拔为都指挥佥事，分守居庸关。正德十三年，武宗皇帝欲出居庸关狩猎，为保皇上安全，孙玺闭关阻止皇上北上，且叩马进谏，忠爱敢言，君子取之。

（三）居庸关的其他人文景观

1. 国计坊

国计坊是由居庸关的南关进入长城的第一座牌坊，取名"国计"是指国人大计所在，古时建造这样的牌坊，意思是在警示天下居庸关是抗拒北方游牧民族的重要屏障，也是包围南方都城的重要关口，是国事军务的重中之重，国人大计之所在，同时也是居庸关关城重要性的象征建筑。从这个牌坊的建造，我们就能够了解居庸关当时在抵御外敌方面所起到的重要作用。

2. 迎恩坊

迎恩坊是建在关城南门外不远处的一座牌坊，四柱三楼。黑琉璃瓦面，柱子用花岗岩石制成，彩画成铁红色。在其旁建有一座凉亭，与牌坊成为一体。取名"迎恩"是指每一次守关将士作战胜利之后，战绩都会上报朝廷，皇帝会派遣使者，带着奖赏的圣旨和金钱酒肉到关城慰问战士，以示奖励，守关大将要在此地摆设香案供桌迎接圣旨和传圣旨官，牌坊因此得名。

3. 书院

位于泰安寺后，建于嘉靖二十年（1514 年）。监察御史肖祥曜巡访居庸关时，看见贡士孙汝贤带领着他的学生正在泰安寺僧舍"学业其中"，苦苦诵览，便命居庸分守在寺后修建房舍，共十六间，当中为"聚乐堂"，为师生研习讲读的地方，其余则作为师生宿舍。由于房舍面对关城东侧的叠翠峰，所以便取名叠翠书院。

叠翠书院是供守关将士子弟读书的地方，由于明朝施行兵甲世袭制，因此书院以传援兵法为主，以供学子们将来继承父兄在军中的职务。

4. 观景凉台

位于居庸关南侧，金柜山关帝庙下，紧挨圆仓，该亭建筑面积 141 平方米，为居庸关目前最大的亭子。"半山亭"为重檐歇山形式，绿琉璃瓦，黄剪边，做苏式彩画，主要作用是观景纳凉。凉亭建在观赏关城景色的最佳位置，并且配有走廊，外有琉璃瓦，金碧辉煌，内有能工巧匠绘制的精美彩画，其彩画内容除湖光山色、龙云呈祥以外，多为古代名著故事，如三国演义、封神演义、东游记、西游记等等，是游人夏日避暑与中秋赏月的理想去处。

5. 水门

居庸关地形险要，两侧峰峦叠嶂，在山石嶙峋中间有一条水道，它以南北方向贯穿整个关城。在居庸关长城与河道交叉的地方，人们修建了一座带有双孔且呈圆拱样式的水门，水门上面有一座闸楼，它里面配置有一个水闸，人们设计这个水闸的目的是想借助它来控制门内外的流水量。当洪水季节到来的时候，人们就把水门的闸口打开，以便把可能会引起洪涝的多余水量流泻出去；而在枯水季节，先前储备的河水就可以满足关城内部对水的基本需求量。整个看去，水门的桥墩呈现南北尖状，这样设计的目的是为了减少泄洪时洪水对水门的冲击力，起到了既防止水门被毁坏又能延长其使用时间的作用。看到这样一个设计合理而又实用方便的水门在古人智慧的双手下成为现实，并且无声地为人类排忧解难，令今人感慨古人的智慧，感慨古人的高瞻远瞩！

6. 戏台

戏台修建在居庸关城隍庙庙门前面。戏台的前台正对着庙门，大门是朝向

居
庸
关

北方的。城隍庙是古时候人们烧香拜神的地方，里面供奉着保佑居庸关关城平安的都城隍徐达。徐达是朱元璋的大将军，是他浴血奋战的得力助手，更是他的开国大臣，当年朱元璋就是派遣徐达来完成明长城的修建任务的。每年举行盛大祭祀的时候，人们就会在庙前的戏台上摆上香案，演出好听的戏曲以便能够取悦神仙，祈求来年的平安康健、风调雨顺，古时百姓大都希望通过这样的活动求得城隍对关城的保佑。据说戏台两边书写的一副对联更是画龙点睛、脍炙人口，可惜已经追随着历史足迹，消失在时代的记忆之中了。

7. 白凤冢

云台西南的山上有一座"白凤冢"，也被叫做李凤姐坟，俗称白墓，也算是一景。相传明正德十二年（1517年），武宗皇帝朱厚照微服出行，很多次都是从居庸关经过然后到宣府、大同一带游山玩水。据说一次武宗皇帝在大同府饮酒时，遇到一位酒家女叫李凤，这李凤出落得端庄美丽不说，更是才华出众，琴棋书画样样精通。朱厚照一眼便相中了她，于是要将她带回北京。谁知，红颜薄命，路过居庸关时，李凤突发怪病，没有来得及救治就死了，武宗只得就地把她埋葬在西山上。后来人们发现在坟头上长出很多的白草，因此称其为白凤冢，京剧《游龙戏凤》就是专门讲述这件事情的。

8. 云台石刻

到居庸关去旅游，不能不看闻名遐迩又极具艺术价值的云台石刻。居庸关的中心，有一个过街塔"基座"，被人们叫做"云台"，主要是因为它的整个形状远远看上去有如那高高的云端一般的意境。云台是在元朝至正二年皇上命令右丞相阿鲁图、左丞相别儿怯不花建造的，直到至正六年（1345年）才正式完工。它是用白色大理石建筑而成的，整个台高 9.5 米，上顶东西宽 25.21 米，南北长 12.9 米；下基座东西宽 26.84 米，南北长 15.57 米，上小下大，整个平面呈矩形。台顶四周的石栏杆、望柱、栏板、滴水龙头等建筑，都保持着元代的建筑艺术风格。台基中央有一个门洞，过往的行人以及车马都可以从门道内通行。那么云台的主要功用到底是什么呢？据《顺天府志》记载：一次，元顺帝路过居庸关时看到这里的山川呈拱抱状，想到祖先打江山的辛劳，于是想在两山之麓

建一"西域浮屠"，下通人行，意为希望塔下经过的行人受到佛法的保佑。建塔的目的是要使来来往往经过塔下的黎民百姓，都能"皈依佛乘，普受法施"，但可惜的是过街塔大约在元、明交替之际，全部被毁坏。后来在明朝初年，人们在云台的塔基之上，修建了三座白色喇嘛塔。塔内供奉着佛像三尊，中间的那尊是毗卢遮那，左边的是文殊菩萨，右边的是普贤菩萨。正统十三年，皇上钦赐寺额"泰安寺"。清康熙四十一年，该寺院遭遇一场大火几乎全被焚毁，仅存云台。现在台顶上的柱础，就是明代泰安寺殿宇的遗物。

云台的券门为半个八角形，是我国古代砖石拱中很特殊的一种做法。除了建筑结构特殊外，最重要的是券洞内精美的浮雕。券门内两侧右壁及顶部遍刻佛像，佛像造型生动活泼，雕刻技艺高超。梵文、藏文、八思巴蒙文、维吾尔文、汉文、西夏文六种文字的石刻经文、咒语为历史研究提供了难能可贵的资料。据专家考证，石刻造像具有典型的藏传佛教萨迦教派的特征。这些壮观的景致在我国古代石刻中还是首次发现，具有很高的艺术价值和科学研究价值。由此可见，云台可谓是我国现存的一座大型石雕艺术精品。

云台石刻堪称一绝，主要集中在券门和券洞内，券门上两边对称地雕刻着交叉金刚组成的图案；还刻有象、怪狮、卷叶花和大龙神，正中雕刻着金翅鸟王。进入券洞，内壁的四端刻有四大天王（有东方持国天王、南方增长天王、西方广目天王和北方多闻天王），天王身躯高大，怒目圆睁，并有厉鬼在其左右，是护持佛法，镇守国家四方的尊神。据说明朝正德年间，武宗皇帝朱厚照微服出游，夜间骑马偷偷混出居庸关时，他的坐骑见到四大天王像，竟然吓得不敢往前走。无奈之下武宗只得下令用烟火把佛像熏黑了，才得以出关。尤为珍贵的是洞内两面石壁的中央镌刻着的六种文字，在我国古代石刻中还是首例。六种文字的排列方法是：上面自左向右横写，共分三层，上层为梵文（即古印度文），中下层为藏文，藏文又分两体（即加嘎尔文、吐波文），下面为直行竖写，自两端向当中排，自左向右排的是八思巴蒙文（是元世祖忽必烈命令他的老师八思巴创立的蒙古新字。它脱胎于藏文，采用拼音的方式书写，并于1269年颁诏推行，是元朝官文使用的文字）、维吾尔文；自右向左排的是汉文、西夏文（是纪录我国古代党项族语言的文字，创制于 1036—1038 年间，当时约有六千多字流行）。券洞两侧的排列方法都是一样的，文字内容也都是一样的，雕刻的都是如来心经陀罗尼、佛顶尊胜陀罗尼经文和咒语，并有造塔功德记和元代的年号。具有很高的学术价值，为研究元代佛教、古代文字和各民族间文化交流史提供了非常珍贵的实物资料。

除了券洞两壁外，在顶部和两斜顶上还刻着许多小佛像。券顶正中刻着五个"曼荼罗"，即五组圆形图案式佛像，佛界称它们为坛场。坛场的设立有保护众佛修炼，防止魔众侵犯的意思。五个曼荼罗的主尊佛像，由北往南依次为释迦牟尼佛（如来佛）、阿弥陀佛（菩萨形）、阿佛（菩萨形）、金刚手菩萨、普明菩萨。其中除释迦牟尼为佛祖之外，其他四菩萨在此显现，则有四方教主的意思。五个曼荼罗连同其他佛像，共一百九十七尊。

券顶两侧的斜面上，刻有十方佛，在每方佛的周围还分别刻有小佛一百零二座，共计小佛一千零二十座，取其千佛之意。这些小佛，是明朝正统年间，修建泰安寺时，由镇守永宁（今延庆县境）的太监谷春主持补刻的。连同十方佛下的菩萨、比丘，券顶两侧部共有刻像一千零六十座。这些密密麻麻的佛像，布满了整个券顶。券洞上边还装饰着各种各样的花草图案。这些佛像以及花草图案雕刻细腻柔美，流畅雄劲，精美绝伦，是元代雕刻艺术品中的上乘之作。

而在券门的南北券面上，还雕刻着一组造型独特、别具一格的造像，其中有大鹏、鲸鱼、龙子、童男、兽王、象王等等，佛界称他们为"六拿具"。大鹏

寓意着慈悲怜悯，鲸鱼则是保护之相，龙子表示救护之意，童男骑在兽王上自然是寓意福资在天，而象王则有温驯善良的含意。券面最下端的石刻纹饰为交杵，又称羯魔杵、金刚杵。它原本是古印度的一种作战兵器，但在此处则摇身一变成为了断烦恼、伏恶魔、护持佛法的法器。鉴于云台石刻雕像的历史与文物价值，1961 年，经国务院批准，云台石刻雕像被列为第一批全国重点保护文物。

9. 户曹行署

户曹行署是在明代营建的后勤重要衙署，规模宏大，殿堂雄伟。宫门建在白色玉石栏杆之上，走过垂花门后是该衙门主要大厅，后面为寝室，左右为"文

移""吏胥"朝房。正德十年重修，院内设有回廊。其中有不少歌颂居庸关的诗碑，专家学者欣赏居庸关花木秀茂、清音流水等景色后可观看碑中的诗词。

此外户曹行署上，建有华丽的半山亭、永丰仓，圆攒尖的仓房夹在其间与天下第一雄关城楼遥相呼应，成为典型的建筑群。居庸山两边都是悬崖峭壁，蜿蜒南北走向，是全国九寨之一。居庸关地理环境得天独厚，历代都受到兵家的器重，有"天下第一雄关"之称，是阻挡外族入侵的屏障之一。此地易守难攻，于是就设了户曹行署。署在关口的西山半腰之中，与叠翠峰相对。有志记载"重峦层嶂，吞奇吐秀"，为京师八景之一。居庸关景色最美时，来这里游玩的人会有一种超然物外的感觉，忘记了这是块经历了无数次战争的地方。可见其景色之美，让人有不到长城非好汉，登山就上居庸山的冲动。

细观居庸关景点，从军事设施到庙宇祠堂再到其他人文景观，这里面饱含着军事、文化、历史等各个方面的大量信息，可以说考察一座居庸关既可以了解我国千百年来北方的战争史、文化交流史又可以了解北方各个民族的文化，可以说居庸关是整个北方中国文明的一个缩影，是中华文明几千年的一个缩影。无论是战争还是文化交流，作为居庸关所承担的历史职责，其实都是一种文化间的交流，这一特性就毫无疑问地说明了中华文明兼容并蓄的特点。交流与融合在中华文明的形成之中起到了至关重要的作用，而千年的居庸关即是历史的见证者。

六、居庸关的文化

如今居庸关和八达岭长城虽然都已经失去其军事防御价值，但它们作为可贵的历史文化遗产将会永存。现在的八达岭长城是世界著名的古迹和风光游览地，居庸关也成为风景名胜。现在京张（北京至张家口）铁路和公路都经过居庸关，这里仍不失为燕山南北的交通要道。

居庸关拥有得天独厚的地理条件，不仅地势险要，历史悠久，而且风光秀美，风景宜人。从南口进入关沟以后，两侧山峦重叠，溪水长流，春、夏、秋三季植被繁茂，山花野草郁郁葱葱，登高远眺，好似碧波翠浪，早在金代就被列为燕京八景之一，流传至今。元、明、清三代皇帝都从此关经过，并且清乾隆皇帝曾亲笔题写"居庸叠翠"四个大字，并建了御笔碑，民间还流传关沟七十二景之说，人文景观、自然景观交相辉映。同时作为政治要地和军事要塞也是独一无二、无与伦比的。基于这里深刻的文化内涵和优美的自然环境，早在1961年，位于关内的云台，就被国务院公布为第一批国家级风景名胜区；1987年联合国科教文组织将其列入世界人类文化遗产。1992年，十三陵特区办事处本着"有效保护，科学管理，合理利用"的方针，并报请有关部门批准，对居庸关进行大规模修复，历时五年，于1977年年底竣工。修复长城4142米，敌楼、铺房、烽燧等建筑二十八处，建筑面积达三余平方米；修复关内外寺庙、粮仓、衙署和书馆等各种建筑三十座，面积近一万平方米。

居庸关历史悠久、风光俊美。各朝帝王、文人墨客、风流才子都写下了大量的诗、词、赋来描写居庸关的俊美与奇险。描绘居庸关的诗词赋，碑刻石刻文字很多都被保存了下来。其中，古诗词有一百七十首左右，近一万三千余字。居庸关现存石碑近二十块，其中十四块较为完好。

居庸关的诗作，大体上可以划分为三方面内容。要么是吟咏关口形势的险要，要么是描绘关塞雄奇的景观，要么是融情入景、吊古抒怀。

最早以居庸关为题材的诗，是唐代边塞诗人高适的名作《使青夷军入居庸》三首。"崖崿鸟不过，冰雪马堪迟""绝坂水连下，群峰云共高"，对居庸关的险峻地势作了形象的描绘。元代黄缙曾作《居庸关》诗一首，"连山东北趋，中断忽如凿。万古争一门，天险不可薄"，突出了"一夫当关，万夫莫开"的险峻地理形势。元代明善《过居庸》诗中的"峰势陡回愁障日，地形高出欲扪天"，突出了关城地势之高。

到了明朝时期，著名思想家李贽《晚过居庸关》："重门天险设居庸，百二山河势转雄。"清代乾隆皇帝《居庸关》称："居庸天险列峰连，万里金汤固九边。"这些诗句都从居庸关地势的险要显示出了居庸关极其重要的战略地位。

居庸关自古以来就是兵家必争之地。元代著名诗人萨都剌对此喟叹说："关门铸铁半空依，古来几多壮士死。草根白骨弃不收，冷雨凄风哭山鬼。"（《过居庸关》）

清初思想家顾炎武写的《居庸关二首》之二："极目危峦望八荒，浮云夕日遍山黄。全收胡地当年大，不断秦城自古长。北狩千官随土木，西来群盗失金汤。空山向晚城先闭，寥落居人畏虎狼。"则对历史上发生在居庸关的许多关系到国家安危的大事作了重要的概括和纪录。

居庸关风景优美，金章宗完颜璟命名的"居庸叠翠"为燕京八景之一。金代诗人蔡珪描绘说："脚侧柴荆短，平头土舍低。山花两三树，笑煞武陵溪。"（《出居庸》）元代诗人陈孚写道："断崖万仞如削铁，鸟飞不度苔石裂。嵯岈枯木无碧柯，六月太阳飘急雪。寒沙茫茫出关道，骆驼夜吼黄云老。征鸿一声起长空，风吹草低山月小。"（《居庸叠翠》）清末，康有为写诗说："城堞逶迤万柳红，西山苔晓霁明虹""永夜驼铃传塞上，极天树影递关东。"（《过昌平城望居庸关》）这些诗从不同角度、不同季节描绘了居庸关美丽的景色。

描写居庸关的诗对居庸关作为中原通往塞北的重要交通要道曾作过很多的描写："车马两山间，上下数百里。萦纡来不断，奕奕如流水"（金·刘迎《晚到八达岭达旦乃上》）、"毡车正联络，怒辙奔春雷""腾凌万马骑，暮绕龙虎台"（元·吴师道《过居庸》）、"宫装腰裹锦障泥，百辆毡车一字齐"（元·王士熙《过居庸》）、"接轸戎车不断踪"（元·云麓《居庸关》）。

　　古代咏诵居庸关的诗词有一百七十多首，它们从不同侧面反映了居庸关的政治、经济、军事及自然风貌，为我们研究居庸关的历史沿革、地理变迁、自然景观提供了宝贵资料。

　　在任何一个以北京为国都的朝代，居庸关无论在军事方面、交通方面、经贸方面、文化方面都有着不可忽视的作用。而且，这里就是历史的舞台，既有刀兵相见的厮杀，也有和平时期的经贸活动，既是连接关内外经济、文化、生产技术的纽带，同时又是守卫北京的中流砥柱。由元代所遗留下来的国宝——云台，可以显现出我国劳动人民的伟大智慧，由在遗址上恢复的明朝各座庙宇，我们可以了解中国古代文化的精华。

　　居庸关，是万里长城上的一颗明珠，从古至今在军事、文化、经贸等诸多方面的作用，使其在历史上谱写出光辉灿烂的篇章。纵观居庸关上下两千多年的变化，不仅体现了我们华夏古国的历史变迁，凝聚着从古到今劳动群众的智慧，还为我们留下了十分宝贵的军事文化遗产。居庸关修复后，再现了我国古代比较完整的建置设施，使中外游人更加全面深入地了解万里长城的文化内涵。新开通的北京至八达岭高速公路直达居庸关，为中外游客游览居庸关提供了便利的交通条件。居庸关长城永远都是我们中华儿女的骄傲。

中国古代著名关卡

函　谷　关

　　函谷关是中国历史上建置最早的雄关要塞之一，因关在谷中，深险如函，故称函谷关。这里曾是战马嘶鸣的古战场，素有"一夫当关，万夫莫开"之称。这里又是我国古代思想家、哲学家老子著述五千言《道德经》的地方。千百年来，众多海内外道家、道教人士都到这里朝圣祭祖。函谷关是古代中原腹地与西北地区文化、经济交流的咽喉要道，曾在历史上发挥其独一无二的重要作用。

一、函谷关概况

函谷关是我国历史上建置最早的雄关要塞之一，因其建于谷中，深险如函，故称函谷关。

这里曾是战马嘶鸣的古战场，素有"一夫当关，万夫莫开"之称，著名的"出谷会师""六国伐秦""虢公败戎""西原大战""弘农大战""桃林大战"的战鼓曾在这里隆隆播响；这里是古代西去长安、东达洛阳的通衢咽喉，同时也是中原文化和秦晋文化的交汇地；这里还是我国古代伟大的思想家、哲学家老子著述道家学派开山巨著《道德经》的灵谷圣地，是道家文化的发祥地；这里流传着许多脍炙人口的历史典故，"紫气东来""鸡鸣狗盗""公孙白马""一丸泥"等等，使这里弥漫着神奇的色彩；千百年来，众多海内外道家道教人士都到这里朝圣祭祖。

如今，集古战场与道教圣地于一体的函谷关，已赫然成为引人注目的旅游胜地。国家 3A 级旅游景区函谷关古文化旅游区，位于豫陕晋三省交界、河南省西大门灵宝市境内，辖区面积 16.5 平方公里，主要景点有太初宫、道圣宫、道家养生园、藏经楼、瞻紫楼、鸡鸣台、碑林、蜡像馆、博物馆、关楼、函关古道等二十余处。函谷关有着独特的军事文化、老子文化、民间文化与人文文化，这些都深深吸引着海内外的游人。

（一）函谷关名称的由来

函谷关西据高原，东临绝涧，南接秦岭，北塞黄河，是中国建置最早的雄关要塞之一，有"双峰高耸大河旁，自古函谷一战场"之说。因地势险峻，易守难攻，成为兵家必争之地。历代文人墨客多游历函谷关，留下大量诗词佳作。中国古代思想家老子曾在此写下了千古传诵的《道德经》。

古往今来，函谷关是连通陕、豫的必经之地，许多名人墨客在此留下了传说。"白马非马""终军弃""鸡鸣狗盗""紫气东来""弘农大战""桃林大战"等典故就发生在这里。《辞海》释函谷关："因关在谷中，深险如函而得名。东自崤山，西至潼津，通名函谷，号称天险。"

（二）函谷关的始建朝代与地理位置

函谷关始建于周初。据《考古通论》记载："关塞起于殷。周，称桃林地为桃林塞。周武王伐殷，出函谷大会诸侯于孟津，克商，放牛于桃林，即设专门管理关塞的'司险'，桃林塞已成为重关……"

函谷关道在深谷，东西数百里"马不并辔，车不方轨"，两壁陡峭，树木遮天蔽日，是古代举足轻重的军事要塞之地。

以"一夫当关，万夫莫开"而名扬天下的函谷关，坐落在河南省灵宝县城北15公里的坡头乡王垛村。它闻名遐迩的原因，是因为它是我国建置最早的雄关要塞之一。函谷关的名称是由于关城建在山谷中，而山谷深险如函（即匣子），故而世称函谷关。在汉代以前，这里就是重要的关隘。据《灵宝县志》记载，函谷关"西据高原，东临绝涧，南接秦岭，北塞黄河。一人守关，可以当百，由是函谷之名，遂雄天下"。在古代，这里是中原通往关中的主要通道，是兵家的必争之地。

（三）函谷关的历史沿革

函谷关，习惯上被称作"秦函谷关"。关城遗址建筑无存，据考证，函谷关关城为不规则长方形，用长、圆、平夯打而成。东城墙长1800米，西城墙长1300米，南城墙长180多米。遗址基本与史书记载相吻合。函关古道全长15公里，是古代洛阳到长安的必经之路。东起宏农涧西岸的函谷关东门，横穿关城向西，由王垛村的果沟、黄河峪、狼皮沟至古桑田（今稠桑），是这一带唯一的东西通道。谷深 50-70 米，谷底宽十米左右，窄处只有两三米，谷岸坡度 40-80 度，谷底有蜿蜒道路相通，崎岖狭窄，空谷幽深，人行其中，如入函中，关道两侧，绝壁陡起，峰岩林立，地势险恶，地貌森然。

从现代战争的角度去看函谷关，可以说不值一提，但在冷兵器时代，此关地势险峻，易守难攻，被喻为"一夫当关，万夫莫开""一泥丸而东封函谷"。函谷关至今已有两千多年的历史，其间曾有 16 次大战役在这里发生，不少战役可以说影响了中国历史的进程。在过去曾有这样的说法，谁拥有了函谷关，谁就拥有了战争的主动权。在冷兵器时代，这种说法就是基于函谷关险峻的军事地理位置。

秦始皇六年(公元前 241 年)，楚、赵、魏、燕、韩五国合纵攻秦。秦军依据函谷关天险，开关迎敌，使五国军队"流血漂橹"，大败而归。公元前 206 年，项羽、刘邦约定，"先入关者为王"。刘邦选择秦国兵力较弱的线路进攻，从陕西的商洛经武关提前进入关中。而项羽自恃兵力强大，一路走大道，等他攻打到函谷关时，听说刘邦已入关中，大怒，命大将黥布强行攻关，并把关楼烧毁，演出了千古绝唱"鸿门宴"。安史之乱时，唐军主帅哥舒翰被迫放弃守城计划，与叛军会战于函谷关西原地区，遭到惨败。1986 年，战国时期守城兵士的武器库—竖井式箭库被发现，箭库深 11 米，直径 0.9 米，箭为铁杆、铜镞，每三十枚为一束，现均已锈迹斑斑。原函谷关楼在楚汉相争时，被楚霸王项羽手下的大将黥布一把火给烧了。后来曾多次修复，又多次被融进战争的硝烟之中。现在看到的是依据成都青阳宫汉墓中出土的砖雕上函谷关楼的图案，由灵宝市灵化集团于 1992 年投资修建的复古建筑。关楼南北长 71.2 米，高 21.5 米，呈凹形，坐西向东，为双门双楼悬山顶式三层建筑，楼顶各饰丹凤一只，叫"丹凤楼"，也有人称其为"双凤楼"。它承袭了秦汉的建筑风格，上部城楼都是木质结构。桂林七星公园的"中华五千年"大型浮雕的右上方就有函谷关的双凤楼图案。

四、三处函谷关

历史上的函谷关共有三处。

故函谷关，就是前文所指的函谷关，位于灵宝县王垛村，始建于公元前 1000 年前后的西周康王时期。春秋时，秦国为了防备东方诸侯国西进，在豫西"崤函孔道"的西端进一步据险设关，派重兵把守，凭借天险打败了诸侯各国，统一了中国，称秦函谷关。

汉函谷关，在河南新安县东 500 米处，西距故函谷关 150 公里。自汉室兴起，关中作为帝都，人们均以关中人为荣，函谷关以东则称关外。西汉武帝元鼎三年，屡建战功的将军杨仆家居宜阳（隶属新安县），耻为关外民，上书武帝，于汉武帝元鼎三年（公元前 114 年）尽捐家资，在新安县城东修起了一座雄伟的城关，为汉函谷关。汉关的建筑非常壮观，北起黄河，南横洛水，直抵宜阳散关，关塞相连犹如长城。汉关早已废弃，现在仅存有关门遗址。1923 年重修，关高 83 米、南北长 33 米、东西宽 20 米，关楼 3 层，底层中有拱形门洞，可供交通。

魏函谷关，位于河南灵宝县孟村，在灵宝市东北 20 公里的黄河岸边，离故函谷关 5 公里。三国时，曹操西讨张鲁、马超，因故函谷关艰险难行，为了迅速转运兵马粮草，命大将许褚在黄河南岸劈山开道，以行粮草，即当年的"曹操运粮道"。魏正始元年（240 年），弘农太守孟康在运粮道的入口处新建关城，号大崤关，又名金陡关，后人称魏函谷关。关楼毁于抗日战争时期。魏函谷关遗址被三门峡水库淹没，现仅存古道、烽火台遗址。

三处函谷关之中，以故函谷关名声最大，历史、文化、军事价值最高，人们常说的函谷关，指的就是王垛村的故函谷关，素有"天开函谷壮关中，万谷惊尘向北空"之说。围绕着这座名关，流传着诸多历史故事和传说，传诵着许多令人津津乐道的奇闻趣事，唐太宗、唐玄宗、司马迁、李白、杜甫、白居易、司马光等历史名人临关吟诗作赋，流传至今的有一百余首（篇）。

函
谷
关

二、函谷关的军事文化

（一）函谷关的军事地位

函谷关位于灵宝市区北 15 公里的王垛村。古代处于洛阳至西安故道中间的崤山至潼关段，多在涧谷之中，深险如函，古称函谷。春秋时秦孝公从晋国手中夺取崤函之地，在此设置函谷关。此关关城东西长 7.5 公里，谷道仅容一车通行，素有"一夫当关，万夫莫开"之说。公元前 241 年，楚、赵、韩、卫诸国合纵攻秦，至此败还。现在，此处有望气台（"紫气东来"的观望之处）、孟尝君鸡鸣台，老子著《道德经》的太初宫等。太初宫已经成为国内外信仰者祭奠老子的重要场所。1992 年，灵宝市政府按照原关楼图形，投资重建了关楼。目前，这里已成为知名旅游景点。

函谷关建于春秋战国之际。"东自崤山，西至潼津，通名函谷，号称天险。（《辞海》）"函谷关扼守崤函咽喉，西接衡岭，东临绝涧，南依秦岭，北濒黄河，地势险要，道路狭窄。《太平寰宇记》中称"其城北带河，南依山，周回五里余四十步，高二丈"。关城宏大雄伟，因其地处桃林塞之中枢，崤函古道之咽喉，素有"天开函谷壮关中，万古惊尘向北空"（唐·胡宿诗），"双峰高耸太河旁，自古函关一战场"（金·辛愿诗），"一夫当关，万夫莫开"之说。公元前 658 年，晋献公贿赂居住在骊山一带的犬戎从西边攻击虢国，犬戎兵至桑田（今函谷关镇稠桑村），虢公率领伏兵从函谷古道两侧杀出，居高临下，犬戎大败而逃。周慎靓王三年（公元前 318 年），楚、赵、魏、韩、燕五国伐秦，秦据函谷关天险大败五国军队。秦始皇六年（公元前 241 年），楚、赵、魏、韩、卫五国伐秦，"至函关，皆败走"。秦末楚汉战争中，刘邦曾守关阻挡项羽进攻。唐"安史之乱"中，官兵与叛军在关前进行了著名的桃林大战。756 年，唐将哥舒翰与安禄山叛军鏖战西原

（函谷关西的原上），唐军被诱入函谷之中，遭受伏兵火攻，大败，这就是历史上有名的西原大战。在抗日战争中，函谷关也发挥了重大作用。1944年4月，日本侵略军发动了"河南会战"，短短二十余天时间，就由洛阳攻到灵宝县城（大王枣灵镇、老城西北的黄河岸边，现已被三门峡水库淹没），中国军队据守函谷关及衡岭原重创日军，毙伤日军包括联队长、团长两千余名。少数日军窜至阌乡随即撤出，终未能西进一步。自春秋战国以来的两千多年中，函谷关历经了七雄争霸、楚汉相争，黄巢、李自成农民起义等的狼烟烽火，无论是逐鹿中原，抑或进取关中，函谷关历来都是兵家必争的战略要地。

函谷关，东西南北，依据不同的地势，造就了空前的险要地形，为兵家亦喜亦忧之地，喜的是得到之后可以据关自守，忧的是失关之后难以再攻。

（二）函谷关大战实录

函谷关是我国建置最早的雄关要塞之一，在我国历史上闪耀过璀璨的光芒，其政治、军事、文化价值自古为世人瞩目，现在再加上考古、旅游事业的发展，观赏者更是络绎不绝。函谷关地势险要，位置优越，历代为兵家必争之地，许多历史典故即因函谷关而流传至今。现以掌握的资料，简述其战况。

1. 出谷会师

《考古通论》记载："关塞起于殷。周，称桃林地为桃林塞。周武王伐殷，出函谷大会诸侯于孟津，克商，放牛于桃林。"记述的是周武王讨伐殷的战事，最终攻克了商地。

2. 虢公败戎

周惠王十九年（公元前658年），晋献公征虢国，贿赂犬戎先打虢国，至桑田（今稠桑村），虢公出兵迎战，打败犬戎。晋献公假虞灭虢，兵至下阳（今平陆），犬戎反扑，虢兵大败，退回上阳（今三门峡），不久为晋所灭。

3. 修鱼之战

周慎靓王三年（公元前318年）在合纵攻秦之战中，魏、赵、韩、燕、楚五国联军在函谷关（今河南灵宝北）进攻秦军的作战。

秦国的东向扩张和张仪的连横策略，严重威胁到东方各国。周慎靓王二年（公元前 319 年），在齐、楚、燕、赵、韩等国支持下，魏王驱逐张仪，改用公孙衍为相，行"合纵"之策。次年，在公孙衍的推动下，魏、赵、韩、燕、楚五国共推楚怀王为纵长，组织联军进攻秦国。公孙衍还联络义渠国由侧背进攻秦国，配合联军。秦送"文绣千匹，好女百人"（《战国策·秦策二》）给义渠，以缓其威胁，然后发兵于函谷关迎战。联军因各有所图，步调不一。楚、燕两国暂时受秦威胁不大，态度消极，只有魏、赵、韩三国军队与秦军交战，被击败。联军向东撤退，至修鱼（今河南原阳西南）。同年，义渠君认为秦送厚礼实是暂时策略，秦国强大终对己不利，便乘五国攻秦之机，出兵袭击秦国李帛。秦军一支仓促迎战，大败于此。然而，这一战并未影响全局。周慎靓王四年（公元前 317 年），秦遣庶长樗里疾率军出函谷关反击韩、赵、魏三国联军，于修鱼大败联军，斩杀其主力韩军 8.2 万人。联军再败退观泽（今河南清丰南）。秦军追至观泽再败韩军，俘虏韩将鲛（一作鲠）申差。关东诸国大为震恐。

4. 割城求和

孟尝君借助门客学鸡鸣叫声逃脱之后，在周赧王五十七年（公元前 258 年）率领齐、韩、魏三国的军队开始出征讨伐秦国，连续攻打了三年。秦国抵挡不住巨大的攻势，秦昭王只得派遣公子池去函谷关求和。求和的结果是秦国割让河东（山西平阳府）三座城池作为息战条件，齐、韩、魏三国停止进攻。

5. 无忌讨秦

秦庄襄王三年（公元前 247 年），秦军渡河攻击魏国，魏国军情告急。信陵君魏无忌从赵国返回魏国，率领魏、楚、韩、燕、赵五国联军反击，秦军被迫实行战略退却，五国联军攻打秦军直至函谷关，但却无力破关。

6. 庞暖征秦

秦始皇八年（公元前 239 年），赵将庞暖组织赵、燕、楚、韩、魏五国第五次合纵攻秦。庞暖考察到函谷关险要难攻，联军数次受挫的情况后，改由蒲坂渡黄河，直取关中。函谷关已使关东诸国望而生畏。

7. 秦败五国

秦始皇六年（公元前 241 年），楚、赵、魏、韩、卫合纵攻打秦国，楚为纵长。秦依函谷关险，开关迎敌，五国军队，大败而回。

8. 周文入关

公元前209年，陈胜、吴广"斩林为兵，揭竿为旗"，在大泽乡起义，在河南陈县建立张楚政权。后陈胜大将周文率十万人马抵函谷关。秦二世昏庸无备，在周文的攻击下，关城被破，起义军进至咸阳附近。

9. 绕关灭秦

公元前207年，刘邦率部西进灭秦。刘邦深入分析了利弊，认为函谷关乃雄关险隘，难于突破，在洛阳东作战不利的情况下，决定避开函谷关，走轩辕关，绕道商洛，由武关攻到关中。最后，灭了秦军。

10. 黥布破关

公元前206年，项羽率军四十万，西进函谷关，得知刘邦已定关中，并派兵扼守函谷关，大怒，命黥布强行攻关。破关后，发兵新中，接着就发生了著名的"鸿门宴"。

11. 绕关平乱

汉景帝三年（公元前154年），吴、楚等七国发动叛乱，汉景帝命太尉周亚夫率三十万大军击吴、楚。军至灞上时，赵涉向周亚夫指出吴王很可能在崤函各道设伏兵，建议出武关取洛阳，平息叛乱。后果然在崤函谷道中，搜得吴国伏兵。

12. 弘农大战

新莽地皇四年（23年），赤眉起义军分两路西进长安，一路走陆浑关（今河南省嵩县北）入弘农，击败更始政权弘农太守苏茂，另一路出武关转向北。两军会于弘农，由函谷关入关中，灭亡了更始政权。

13. 桃林大战

唐玄宗天宝十五年（756年），安禄山起兵叛唐后，多次从函谷关进攻潼关，被唐军统帅哥舒翰击退。唐玄宗听信杨国忠谗言，迫使哥舒翰放弃守关拒敌计划，率兵出战。哥舒翰与安禄山军崔乾佑会战于函谷关西原，安军伏兵纵火焚烧唐军，并以精骑自南山迂回出击，唐军大败，二十万人只有八千脱逃，

函

谷

关

主帅哥舒翰被迫投降，潼关、长安相继失守。杜甫在《潼关吏》中对这段历史悲剧发出"衰哉桃林战，百万化为鱼"的慨叹。

14. 二出函谷

明末，农民起义军李自成商洛整军后，二出函谷，与明军激战于函谷关前的弘农河沿线。明军将领左良玉败退陕州。

15. 张钫出关

辛亥革命时，张钫在陕西起义，率大军出陕西，与清军赵倜部血战于函谷关。清军不敌，败退，张钫进入中原。

16. 关前抗日

1944 年 5 月，日本侵略军八万余人大举西犯，我军据守函谷关衡岭一线，与日寇展开激战，毙伤包括敌联队长、团长在内的敌军两千余名，给日本侵略者以沉重打击。

17. 解放灵宝

1947 年 9 月，陈谢大军强渡黄河，西进崤函，开始了解放灵宝的战斗。当时守城敌军以一个加强营据守函谷关高地，企图负隅顽抗。我军采取偷袭和强攻相结合的战术，迅速占领函谷关高地，全歼敌军四千余人，从而使灵宝敌防线瓦解，取得了解放灵宝战役的胜利。

三、函谷关的老子文化

老子是我国春秋末年杰出的思想家、政治家、哲学家和文学家，不仅是道家学派理论的奠基人，被后来的道教奉为教祖，而且是先秦诸子百家的启蒙者。他的著作《道德经》，即《老子》一书，是世界文化宝库中的瑰宝。自《道德经》问世以来，上至皇帝高官，下至黎民百姓，都对这部经典著作有着极大的研究热情。据不完全统计，有史料记载的版本达一千八百多种。不仅在国内影响广泛深  远，而且在 7 世纪便以梵文传到国外，18 世纪传至欧美各国，以后逐渐风靡世界。《老子》思想博大精深，蕴涵丰富，涉及天、地、人各个方面，在政治、经济、军事、艺术、伦理、养生等领域都有独到的见解，闪耀着智慧的光芒。

研究老子思想成为一种国际性的文化现象。英、法、美、日等四十多个国家都在研究《道德经》，翻译《道德经》的版本已达六百余种，其中日本人著述达三百三十余种。因《道德经》成于函谷关，函谷关名副其实地成为道家文化的发祥地。2002 年 10 月 20 日，中国道教协会会长、玉溪道人闵智亭为函谷关旅游区题写了"道家之源"四个字。

道家始祖老子在太初宫著下洋洋五千言《道德经》，被视为我国哲学园林中的瑰宝。它是函谷关景区现存最为古老的一座建筑，伴随老子入关而产生的"紫气东来"典故已为人们耳熟能详，颇具神秘和祥瑞之气。

函谷关不仅有重要的军事价值，它的文化价值同样不可低估。在古代，这里是东西地区文化交流的枢纽。"老子降生""紫气东来""仙丹救民""玄元灵符"等故事在当地广泛流传，家喻户晓。

（一）老子降生

公元前 571 年，农历二月十五日，楚国苦县曲仁里村（今河南鹿邑）被团团紫气笼罩着。绛紫色的场院、紫黑色的房脊、紫绿色的烟柳、紫灰色的树叶，

函谷关

143

连初升的太阳也变成了一片紫红。好一派祥瑞之气啊!人们都感到惊奇!这时，几声响亮的婴儿啼哭声从这紫气弥漫的村子里传了出来……

二月十五日那天，曲仁里村的李氏女早早起床，她一边梳理着满头秀发，一边小声唱着她平日最爱哼唱的村歌："天水清，河水浑，俺上对岸去撑人，撑来一船男和女，个个都是好心人。"她一边唱一边在床边上坐下，没想到身子还没有坐稳，突然觉得肚子隐隐作痛，后来越疼越厉害。当村上人做饭的青烟和紫气徐徐上升的时候，她肚子已疼得难以忍受了，脸上的汗珠不停地往下流。她忍不住倒在床上呻吟。邻家妇女闻声赶来，知道她要临产了，急忙给她请来了有名的接生婆金妈。

金妈来到李氏床前细心察看，凭她平日积累的经验，确认是少有的难产，就是胎儿在娘肚子里过月时间太长，胎儿长得又大，再加上李氏女又是头胎，像这样的情况，大人小孩都有危险。连金妈这种有经验的接生婆也感到为难。金妈只好请来一位大夫，大夫仔细看过后，无可奈何地摇摇头走了。金妈无奈地让李氏斜靠在自己怀里，用手托着她的脖子。

李氏越发疼痛难忍，金妈只好用双手在她的肚子上慢慢揉着，一阵剧烈的疼痛使李氏昏死过去。"这叫人该怎么办?"金妈一抬头瞅见了案板上的一把菜刀，"剖腹取胎"的念头在心头一闪，又一想："不中，这样不光李氏生命难以保全，自己还将落下埋怨。"就在金妈瞅着菜刀迟疑的时候，李氏突然说："快把我的肚子割开!"金妈犹豫地抓着刀举起又放下，没想到李氏女以惊人的力量抽身坐起，从金妈手中夺过菜刀，照着自己的肚子"哧"的一下拉开了一条血口子，血水从被划破的肚子和胞衣之中泉涌一般流出来。李氏微弱地断断续续地说："我死后，告诉孩子，做个……对苍生……有益的……好……好人……"话没说完，这位英勇的母亲永远闭上了双眼。

李氏去世了，她的儿子却活下来了。李氏女生下的这一男婴，脑门儿圆圆的，鼻梁高高的，头发是白色的，小嘴下面还有一道白白的胡须，两只耳朵大得出奇。因为这孩子的耳朵非常大，人们就给他起名叫李聃，聃就是耳幔的意思，意思就是耳垂长而大。

又因为李聃出生那年是虎年，当地人把虎称"狸儿"，和"李耳"音接近，这样就被人叫做李耳了。这就是后来的老子。

由于李氏生李耳时是剖腹产，怀胎时间又长，后来就有了很多关于老子出生的说法。有传说李氏是吃了李子怀了孕，又有说李耳是在娘肚里怀了九九八十一年，才从母亲的右肋下出生的。

(二)　紫气东来

据《史记》记载：春秋末期，柱下史老子李聃看到周室将衰，西渡隐居。善天文秘纬的函谷关令尹喜，一天清早从家里出门，站在一个土台上（现瞻紫楼），看见东方紫气腾腾，霞光万道，观天象奇异，欣喜若狂，大呼"紫气东来，必有异人通过"。忙令关吏清扫街道，恭候异人，果然，见一老翁银发飘逸，气宇轩昂，并且倒骑青牛向关门走来。尹喜忙上前迎接，通报姓名后，诚邀老翁在此小住。老翁欣然接受，在此著写了彪炳千秋的洋洋五千言《道德经》。以后，函谷关一带的门楣或春联都会写"紫气东来"一词，流传至今，表示吉祥。

又一说法是这样的：

当时，驻守函谷关的关令名叫尹喜，尹喜精通天象学问。一天早上，他站在函谷关的高台上，往东一看，只见东边的天空紫气升腾、祥云缭绕，一轮红日喷薄而出，万道霞光辉映山川。这紫气逐渐弥漫了原野，弥漫了城楼。尹喜惊喜地呼叫："紫气东来，必有异人来到。"于是，他便吩咐守关的部下，清扫庭院，迎接贵人。

关令尹喜按捺不住兴奋的心情，急切地站到关楼上眺望。忽然看见关外的路上，一位身穿黄袍的老者骑着青牛，旁边跟着小书童慢慢朝着关门走来。这老者白发银须，飘飘如仙，尹喜赶忙跑下关楼前去迎接。

老者就是老子，尹喜非常激动，忙跪拜行礼，情不自禁地说："先生驾临，关壁生辉，晚辈我三生有幸啊！"

老子一惊，下了牛背，惊奇地看着眼前这位身着官服的人，问道："请问，

函 谷 关

您是……"

"先生，我是这里的关令尹喜。"尹喜笑着回答："二十年前，先生在周朝王室中管理图书时，我曾向先生借阅过书籍，请教过先生不少问题。这些晚辈至今仍牢记在心！"

说着挽着老子向院里走去，边走边说："老人家，您既然来了，就在这里安心多住上几天吧。"

老子在关里做客，尹喜对他安排照顾得非常周到，除了晚上安歇之时以外，尹喜几乎天天不离老子的身边，那敬慕之情，真是难以用语言表述。

就这样，一天、两天、三天、五天，老子几次提出要走，尹喜总是不放。整整九天过去了，尹喜仍然不肯让老子走，仍然是热情地招待他、服侍他。老子心中十分过意不去，再三提出要过关西去。尹喜问："不知您老人家执意要走都有哪些事要做？"

"我要到秦国去讲学，还要西行，到很远的地方去过真正的隐居生活。"老子认真地说。

"您老人家说的这些也都不是急着要办的，况且您老此去隐居，晚辈这辈子怕再也见不到您老了。您不能走，晚辈这里就是您最好的隐居之处，您可以在这里著书立说，把您的主张和想法留给后人。"

老子听尹喜要他留下来写书，不免心中一震，想起原在家乡时写成的大书被火焚烧，心里马上难受起来，他再也不愿写书了。但是看到尹喜一片真情，不免心动，感到盛情难却，于是就答应了。

尹喜亲自动手，给老子取来了笔墨、木札。另外，还准备了麻绳、刀子。这刀子是用来将木片上写错的字刮去的。

老子坐在东间窗下的桌案旁边，面对桌上展开的木札，望着窗外青碧的竹桃，开始构思要写的文章。想了很长时间，也没能够想出个眉目来，心里倒感到茫然起来。

老子放下笔，走出房间，来到关楼上，四处眺望，顿觉心胸开阔。高爽秋空，莽莽沃野，千山万壑，浩浩宇宙，无限包容。老骥登城，志在千里；眺望家乡，天边好像就在身边。这时，豪情顿至……

"有了，我何不就将那大书用浓缩的语言概括地一写!就这样办!"老子自言自语地说着。决心一定，他快步走下关楼，兴冲冲地回到屋里。

老子重新坐定，提起笔来，先将在路上想好的开头几句话落在木札之上：

道可道，非常道。名可名，非常名……

"写，就这样写。要用极少的话将自己的想法表达出来，这样也就不枉我多年辛苦的笔墨了。"

老子废寝忘食，不停地写着。终于，八十一章奇文写成了!他以极为精练的语言，把他的巨著全部概括出来!一部上至高天，下至大地，中至人律的宇宙奇书，就这样在老子的笔下诞生了!

现在函谷关太初宫的正殿，就是当年老子著书的地方。他写的书就是《道德经》，分"道经""德经"上下篇，共五千多字，后来被奉为道教的经典。

太初宫内塑有老子著经坐像。每逢农历初一和十五，当地百姓总要到函谷关老子像前祭奠一番。在此磕的头称为福头，磕福头是一种吉祥的民俗活动，自然参加的人也很多。每逢农历二月十五老子生日时，仪式更是隆重，不仅灵宝附近各乡的农民去烧香，就连外地人也跋山涉水到函谷关参加纪念活动。可见，老子在人们心目中的地位是相当高的。

在函谷关所在的河南省灵宝县王垛村，还有一些与老子有关的风俗。如男婚女嫁之时，迎娶队伍一般都不径直回到家中，总要先到函谷关太初宫老子像前鸣放鞭炮，叩头祭拜。举行了这样的仪式之后，青年男女的婚姻就算得到了老子的承认，还会保佑新家庭美满幸福。据当地老人讲，老子生性善良，体恤百姓，在此举行新婚大礼，求福的可得福，求财的可得财，求子的可得子。所以，太初宫殿内的香案上，挂了许多还愿人送的绣有龙凤呈祥图案的红帐，送红帐这种行为，在乡民们看来，是对老子最好的答谢方式。

（三）仙丹救民

有一年，函谷关一带突然发生了瘟疫，人一染上，轻者上吐下泻，重者很快身亡。不久，当地就病死了很多人。新坟林立，哭声遍地，很是凄惨。周围的郎中也没法子，不知如何是好。

老子听说后，急得坐立不安。正在这时，徐甲跑进来气喘吁吁地说："先生，刚才我正在给青牛喂草，青牛不但不吃，反而来回走动，不大会儿从牛嘴里吐出这团肉呼呼的东西。"徐甲说着便将青牛吐出的肉团递给老子看。

老子看过后，高兴地说："有本书上说这肉团清热解毒，能医治瘟疫，咱正好试试。若能医治好百姓的疾病，那真是福从天降呀！"于是，老子又认真琢磨配了几味中药，有的用文火熬，有的用瓦片焙，有的精心研磨成粉。一连几天，老子都没有合眼。一直到正月二十三这一天，药丸终于制出来了。

说来也巧，患病的人喝了老子炼制的丹丸后，病也都随之好了。函谷关一带的百姓感激不尽，扶老携幼络绎不绝地来向老子拜谢，说老子是上天派来的救世神仙，到人间来为百姓消灾治病来了。

打那以后，函谷关一带的人每到正月二十三，家家户户都用黄表纸剪成牛和药葫芦贴在门上，纪念老子。当地还流传着一首民谣：

正月二十三，

老君散仙丹。

家家贴金牛，

岁岁保平安。

为了答谢青牛，当地人后来在函谷关内修建了一座庙宇，叫"青牛观"，把青牛当做神年年供奉。《西游记》中说老子成仙后，在天庭炼金丹。孙悟空偷吃金丹成了刀枪不入、火攻不化之躯的故事，想必也是从此引申的。

（四）会仙台与牛头岭

老子骑着青牛出了函谷关，继续和徐甲一同往西

中国古代著名关卡

而去。

这一天，老子和徐甲来到亚武山下，老子下了牛背，对徐甲说："甲儿，咱们就在此暂且歇息一会儿再走吧。"

徐甲把牛赶到一边吃草去了。

再说，这亚武山的祖师玄武，一心修仙养道，已经整整八年了，可还是未能修成正果，不免心中有些焦急不安。

当玄武听说老子要西行讲学，这亚武山正是老子的必经之路时，就每天在这儿耐心地等候。他曾听说过，当年楚国有位久修不成的道士，被老子送了一木一石而点化成仙的事。于是，玄武就想让老子也为他讲讲道学。

当玄武在山上远远望见老子骑着青牛缓缓走来时，心中十分高兴，他赶紧来到山下。他想，我要是将老子骑的青牛藏起来，他就会留下来为我讲道。他趁徐甲在山上玩得正高兴的时候，就悄悄走过去把青牛藏在树丛里。然后走上前去恭恭敬敬地向老子施礼道："听说您老人家前来，弟子在此恭候多日了。"

老子看着他说："想必你就是无量了。""弟子正是，弟子想请您老人家在此为我讲经说道。"老子望着高峻的亚武险峰道："你这里危峰高耸，哪里有我安身的住处。""先生放心，弟子定会为您寻找个安全的住处。""那好，可这山高路险，又怎么上得去呢。""来，我背您老人家上山。"玄武说着弯下腰。老子想试试玄武是否有诚意，也就答应让玄武背着上山。

玄武背着老子一步一步吃力地望山上走，累得他上气不接下气。

老子看玄武很累的样子，就说："咱歇会儿再走吧。"

"没事儿，我能行。"玄武硬是坚持把老子背到山腰一个平台处，老子望着满山迷迷蒙蒙的云海，郁郁葱葱的树林，就笑着说："亚武山，山静水清，是个修心养道的地方，就在这儿住下吧。"

玄武就在此处搭了一个结结实实的草房子，请老子在此住下，每天聆听老子讲经说道。

玄武从山上采摘来许多鲜桃，与老子共同品尝。

后人就把当年老子为玄武讲经的地方，称作"会仙台"。他们扔下的桃核，变成了"桃核峰"。

被玄武藏起来的青牛，后来被亚武山下一个年轻后生发现了。他见这头牛闲着，就取来犁，让这牛耕起地来。传说这青牛力大无比，纵横几千里，行走如飞，不多时间就把黄河、渭河一带的地全耕完了。正在向亚武山回耕的时候，犁尖一下子被华山挂住了，青牛奋力一拉，犁绳被拉断了，牛卧下再也爬不起来了。这牛后来就化作了一座大岭，在灵宝豫灵万回村的玉溪涧西边，人称"牛头岭"。在华山半山腰挂着犁的地方，现在仍留着痕迹，被称作"老君挂犁处"。

（五）玄元灵符

老子死后，他的学说越来越受到人们的推崇，后来形成了道家学派。汉代被演变为宗教，这就是道教。老子被奉为教祖。他写的《道德经》也成为道教的经典。到了唐代，老子的地位达到了登峰造极的地步。唐太宗李世民自认是老子的后裔。唐高宗追封老子为玄元皇帝，诏《道德经》为上经。唐玄宗时，诏各州府广置玄元皇帝庙，建立玄学，令生徒诵习《道德经》。

天宝元年（742 年），一天早朝时，唐玄宗刚刚坐定，陈王府的参军田同秀上前奏道："启禀万岁，微臣昨晚做了一梦，梦见函谷关丹凤门上紫气萦绕，玄元皇帝飘然其中，我正要上前叩拜，只听玄元皇帝说：'我藏灵符，在尹喜故宅。'说完就不见了，微臣不解其意，奏请圣上明析。"

玄宗一听，连声说："好梦！好梦！玄元皇帝托梦，又有祥云紫气，此乃吉祥之兆！"当即派人到函谷关寻找灵符。

果然，在函谷尹喜故宅的西边掘出了一个"灵符"，"灵符"是用一个桃木制成的木片，上面用朱砂刻写着一个奇怪的字。众人不解其意，火速将"灵符"送往京城，呈玄宗御览。

玄宗拿着"灵符"，左看右看，也不认得。让周围的大臣看，也说不出个名堂。后来还是田同秀试探着说："臣的看法不知对否，不敢妄言。""你发现'灵符'有功，但讲无妨！"田同秀说："臣看此字像是古书的'桑'字，上面三个十字，下面一个十字，一个八字，合起来是个四十八。"这一说，群臣都有所悟。"四十八、四十八，玄元皇帝保佑我皇四十八年"，一个大臣高兴地叫了起来。众臣也都附和着，都说这是玄元皇帝显灵，送来宝符，可庆可贺。

唐玄宗也非常高兴，认为这是老子对他的恩赐，当即把开元的年号改为天宝年号。并在一个月后，将埋藏灵符的桃林县改为灵宝县。当然，田同秀也因此而升了官。

这件事记载在《资治通鉴》上。对于"灵符"一事，司马光同时写道："时人皆疑宝符同秀所为。"

四、函谷关的民间文化与人文文化

（一）异彩纷呈的民间文化

工艺美术：主要有剪纸、面花、刺绣、印花布、香草袋和编织等。面花始于明朝，开始是用白面做些花朵、鱼虫之类用于祭祠。现在多用在喜糕上，捏成游龙戏凤、百鸟朝凤、二龙戏珠、百花朝阳等吉祥图案，形象逼真，栩栩如生。编织主要有竹编、苇编、草编等，草编分为麦秆编和玉米苞编，工艺精巧，丰富多彩，很受客商青睐。

1. 灵宝剪纸

剪纸是灵宝民间普遍流行的一种手工艺品，有着悠久的历史。

灵宝剪纸的起源和老子有关。那年，老子在函谷关著经，当地发生了瘟疫，很多人得了病。有一天老子的青牛吐出了一团东西（牛黄），老子把它分给乡亲们吃，人们吃了这个东西后，病很快就好了。后来，人们就在每年正月二十三用黄纸剪个金牛、药葫芦贴在门上，以避邪免灾。后来剪纸艺术逐渐形成，风格独特，图案别致，充满喜气。灵宝剪纸的风格主要是粗犷、简朴、生动、传神。作品远销西欧、澳洲等国家。

"雪圃乍开红菜甲，彩幡新剪绿杨丝。殷勤为作宜春曲，题向花笺贴绣楣。"唐代诗人韦庄在《立春》一诗中，描述了古人春节时在院门上挂门笺的情景。门笺是剪纸的一种形式，好像旌旗一样，逢年过节挂在门上，用于驱灾避邪、招财纳福。但事实上，大多数剪纸则用于四时节令和婚丧嫁娶等民俗活动中。

灵宝民间剪纸中最常见的是窗花。汉、唐时期，妇女们就开始用金银箔或彩纸剪成各种花草图案，用来美化装饰生活。明、清时期，云头鞋面、小孩衣帽和妇女头巾等衣物服饰开始在剪纸作品中大量出现。在节日或者结婚时，剪些纸花贴在窗户与风门上，增添喜庆气息。建国后，灵

中国古代著名关卡

宝剪纸艺术得到了长足发展，不仅有众多业余爱好者，而且还有专门的研究人员。剪纸题材越来越广泛，并逐步发展为豫西民间装点新房及新娘嫁妆的饰品和专供欣赏的艺术作品。此外，剪纸艺术也不断渗入新的领域——舞台布景、商店橱柜、礼堂、建筑物上的装饰等，都有剪纸的影子。

在灵宝，每年腊月二十三以后，当地妇女就"放下锄头上炕头，拿起剪子剪虎头"。过春节布置房屋装饰农舍的窗花、顶棚花、门笺等，都要在年前剪好。因此，民间流传："二十八，贴花花。"腊月二十八是个约定俗成的贴年画、贴窗花的日子。那些体现庆贺丰收、六畜兴旺、延年益寿、吉祥美好等愿望的剪纸，体现着农家的希望，使素朴的农舍焕然一新，不仅渲染了隆重、热烈的节日气氛，也使屋子的主人喜气洋洋、精神焕发。中国人喜欢红色，视红色为吉祥色。因此，结婚用的顶棚花、喜字花、嫁妆花等礼花，过春节贴的窗花无不是用红纸剪成的，且多用整张剪裁，不用碎纸拼凑。在人们看来，拼凑起来的礼花不吉利。

灵宝剪纸的题材大都是人物、动物、草木花卉。可贵的是它能借助生活中常见的事物，通过谐音、象征等手法，构成寓意性的艺术画面。如"龙凤呈祥""凤凰戏牡丹"象征婚姻的美满与神圣，"刘海戏金蟾"象征爱情的忠贞，"柿子和如意"表示四季如意、平安幸福，"喜鹊登枝"寓意喜上眉梢、喜事盈门，"新媳妇怀里抱娃娃"表示"得子"等等。在剪纸艺术天地里，民间的巧手剪纸艺人可以凭借她们的想象描绘出理想中的一切，以形传神，表达出巧意、新意、美意，借此表现人们热爱生活的美好情趣。

2. 灵宝面塑

面塑，又称"面花"或"捏面人"。豫东地区称为"蒸花馍"；豫西一带早年叫"窝窝花"，解放以后改称"糕花"。但在河南广大地区，叫得最多、最普遍的是"捏面花"。

"面花"是一种面食艺术，也是中华民族优秀文化传统中的一种"饮食文化"。河南地区盛产小麦，以面食为主，其中用小麦做的面粉称之为"白面"。

函谷关

在旧社会，白面是劳动人民生活中的高档食品，只有逢年过节才能吃上几顿"白馍馍"，成为穷苦孩子们企盼一年的最佳食品。母亲们用来之不易的白面粉制作出各种各样的小动物、小花馍，既好吃，又好看，又好玩，成为母亲对幼儿进行启蒙教育的最好的食用玩具。

"面花"艺术的历史源远流长。早在宋代《东京梦华录》等书中，就详细记载了当时东京汴梁城制作、出售各种面花和有关面花的民间习俗的情况。明代的《宛署杂记》中，还记录了南阳一代农村，每年的农历正月，为了祈祷来年的粮食丰收，便用面粉做成各种面食品，称为"果食"，"花样奇巧百端"，相互赠送，并将这些面食品挂在田间、地头，以犒劳天地之神。

在河南，逢年过节家家户户都有制作面花的习俗。豫西的洛阳、灵宝，豫北的安阳、内黄、浚县、鹤壁，豫东的尉氏、沈丘，还有许昌、登封、新郑等地，都有各种不同风格的面食玩具。

在众多的民间面花艺术中，以豫西的灵宝和豫东的沈丘顾家的面花最为有名。灵宝面花，据考证明清时期已有。早年的面花是伴随着当地民俗活动应运而生的，叫"窝窝花"，是当地群众每年农历正月十五赶庙会时用来"祭神"的供品。据老年人说，凡参加庙会的人，都要到庙里来拜神，对神特别虔诚的人，便达成协议，轮流主持每年一度的盛仪。轮到谁，谁就要负责筹资，并在进入腊月后，把当地有名气的"巧巧"们（有一手做面花技艺的巧媳妇）请到自己家里捏"窝窝"（面花）。这些艺人们既心灵手巧，又格外虔诚，她们沐浴吃斋，精心捏出不重样的面花，有龙、凤、狮、虎、花、鸟、鱼、虫，"十二生肖"等等，形态逼真，栩栩如生。面花做好后，分别插在用麦草绑成的三个两米高的草塔上。到了庙会这天，鞭炮齐鸣，香烟缭绕，主持人把"巧巧"们做好的"窝窝花"草塔摆放在庙院当中，供神享用，求神保佑乡民们四季平安、

风调雨顺、五谷丰登。随着时代的推移，社会的不断进步，如今的农村已经向现代化迈进，农民科学种田，基本上实现了旱涝保收，那种靠天吃饭、求神保佑的迷信思想已经逐步减少或消失。面花这一古老的面食艺术，已由供神的祭品，变成了新民俗活动中馈赠亲友的礼品。如青年男女订婚，小孩"做满月"，乃至建屋上梁，都要制作面花馈赠亲

中国古代著名关卡

友，达到吉利、祝贺的目的。当然，这也代表了劳动人民对于幸福安康的追求。

灵宝的"窝窝花"，现在通称"面花"，又叫"糕花"。糕花又分"高花"和"平花"两个品种，"高花"制作的方法是：手捏成形蒸熟后，再勾画着彩，然后用竹签插在圆形的面糕上。高花华丽秀美，形态逼真，五彩缤纷，是男女定亲时，女方赠送给男方家庭的礼品，示意姑娘心灵手巧。"平花"不染色，和面糕合为一体，浑厚丰满，朴素大方，示意小伙子体魄健壮，坚强能干。这是男方回赠姑娘家的礼品。总之，充满了生活情趣。

3. 灵宝皮影戏

灵宝皮影戏，起源于汉代或者更早一些。灵宝皮影戏的音乐叫"道情"，是一种古老的道教音乐。所用的乐器，都是仿照八仙的器物。

皮影，是道情戏的表演形式，灵宝人叫它"戳皮儿"。皮影戏源于汉武帝，《汉书·外戚传》记载：汉武帝时，很宠爱李夫人。李夫人死后，汉武帝时常思念。有个方士齐人李少翁设法让武帝能见到李夫人。在夜间设一帷帐，请武帝在远处观看。不久帐中出现李夫人形影，其实是用皮刻人物造型，利用光源反射而成。后人改用厚纸或皮革剪影借光照射，演变成影子戏，流传后世。

道情腔调于清朝后期传入灵宝后，以灞底河为界，发展为河东腔与河西腔两大派。河东腔分布在阳店镇栾村一带，河西腔分布在焦村镇的罗家，尹庄镇的西车、南营、牛庄一带。抗日战争时期，大戏活动困难，皮影小戏服饰道具简单，便于活动，各乡村山寨的庙会戏，群众的还愿戏都请道情皮影班，因而一时红火于全县各地。灵宝道情皮影戏的布景和人物用牛皮制作，人物均为侧面形象，操作用的签子三四寸高。用布帐围成平台，台宽约六七尺，用油灯或汽灯、电灯射在白色纱幕上，艺人双手操纵竹签，一边完成剧中人物的道情演唱，一边完成轻盈的皮影表演。

道情皮影戏的曲调有官调（喜调）、梅调（哀调）、孩子调、窜梅调、袍调、飞调、滚白、金钱等。1955 年，灵宝县道情皮影剧团成立，曾参加河南省第三届民间艺术汇演，获锦旗一面。灵宝皮影戏还曾经在广州中华百绝博览会上表演，也曾到法国表演。

进入 20 世纪 90 年代，灵宝道情皮影戏多次参加对外文化交流活动。

表演艺术：主要有社火、高跷、芯子（垛子）、龙灯、旱船等，是综合性艺术活动，一般在元宵节、老子诞辰纪念日等重大节庆期间演出。其中社火是旧时村社迎神所扮演的杂戏，其产生的年代相当久远。人类早期，每当严冬已尽、冰雪初融、春暖花开、大地复苏之时，先民们就杀猪宰羊，用自己获得的劳动果实祭祀"神灵"，祭祀祖先。此时，终年劳累的原始先民有了歇息的机会，他们欣喜若狂，就把自己"打扮"一下，在脸上涂上朱砂，把鸟羽扎缚在头上，大喊大叫，狂蹦乱跳，这便是人类最早的社火。另据梁中元《陇东采风·社火》记载，陇东民间社火和全国各地社火一样，从内容和形式上有共同的特点，产生的年代可以追溯到远古时代。那时候人们为了祈福消灾、驱恶避邪，"击器而歌，拊掌而舞，祈于天地，以其吉也"（《风俗通义》）。传说那位怒触不周山的共工有个儿子死后变成了瘟疫鬼，到处散布瘟疫，这个瘟疫鬼啥都不怕，就怕响器烟火，故产生了击器而歌、燃放烟火以消灾祈福的民俗。社火起源于火，发展于社。远古时代，火的出现，结束了人们茹毛饮血的荒蛮生活，人们对火奉若神明。因此，每遇灾害、瘟疫就"施烟火及作金刚力士以逐疫"。

社火这一古老的习俗一直沿袭至今，随着人类的进步，时代的演变，其形式、内容发生了质的变化，新的时代赋予社火以新的内容。如今，社火从根本上摒弃了对"神"的崇拜和对祖先的祭祀，纯粹演变成了一种内容健康、形式活泼、名目繁多、生动有趣的文化娱乐活动，同时，也成为一种新的民俗。

民俗文化：是黄河文化、黄土高原文化、中原文化的融合体，在居住、饮食、服饰等方面都有浓郁的地方风俗特色。其中窑院既是我国上古时穴居的遗风，又代表了黄土地窑洞居住的风土人情，具有独特的魅力。天井窑院，俗称

地坑院，早在四千多年以前就已经存在了，现在河南三门峡、甘肃庆阳及陕西的部分地区还有分布。其中河南三门峡境内的窑院保存得较好，至今仍有一百多个地下村落、近万座天井院，依然保持着"进村不见房，闻声不见人"的奇妙地下村庄景象。其中较早的院子有二百多年的历史，住着六代人。

地坑院，顾名思义就是在地上挖个大坑，

形成天井，然后在坑的四壁上挖出洞穴作为住宅。这种住宅冬暖夏凉，是老百姓根据当地的气候条件，特别是干旱少雨的情况和土质状况创造出来的一种具有地方特色的居住形式，表现出先民们的智慧。

天井窑院一般为独门独院，也有二进院、三进院，即多个井院联合。进入村内，只闻人言笑语、鸡鸣狗叫，却不见村舍房屋，"进村不见人，见树不见村"就是它的真实写照。有人称它是"地下的北京四合院"。过去，村民对修建窑院十分重视，修建前必请阴阳先生察看，根据宅基地的地势、面积，按易经八卦决定修建哪种形式的院落。一般分四种类型：一是东震宅。长方形，凿窑 8 孔，南北各 3 孔，东西各 1 孔，门为正南方，厨房设在东南；二是南离宅。长方形，共凿窑 8 至 12 孔，门为正东方，厨房设在东南；三是西兑宅，群众叫西四宅。正方形，凿窑 10 孔，东西各 3 孔，南北各 2 孔，门走东北方，厨房设在西北；四是北坎宅。长方形，凿窑 8 至 12 孔，门走东南方，厨房正东，东西南北各按易经八卦排列。主窑高 3-3.2 米，可安一门三窗，其余为偏窑，高为 2.8-3 米，一门二窗。窑洞深 7-8 米，宽 3.2-3.5 米。

窑洞建筑具有坚固耐用、节省资金、冬暖夏凉、挡风隔音、防震抗震的特点。冬季窑内温度在 10℃以上，夏天保持在 20℃左右，中午、晚上休息还要盖上被子，人们称它是"天然空调，恒温住宅"。窑内安装电视，接收性能良好。随着人们生活水平的日益提高，农村住宅也得以改观，不少农民修建了二层别墅式的小楼。但天井窑院的许多独特优点是它取代不了的，所以至今很多当地人仍然住在天井窑院里。现在当地政府已经在此开发了天井窑院"农家乐"旅游项目。

（二）源远流长的人文文化

1. 历经沧桑的文化遗产

函谷关不仅是我国古代的军事要塞，而且也是我国古代政治、经济、文化发展重地。秦孝公时，商鞅自函谷关入秦，辅佐孝公变法，使秦国富民强。战国时，张仪提倡合纵连横之说，往返于函谷关内外，游说列国。昭襄王四十年，魏国策士范雎，更姓易名，混过函谷关，终于出任秦相国，辅佐昭襄王完成霸业。

函谷关为世人留下许多宝贵的文化遗产，围绕着这座重关名城流传着"紫气东来""老子过关""鸡鸣狗盗""公孙白马""一丸泥""终军弃""玄宗改元""仙丹救民"等历史故事和传说。历代帝王将相、文人骚客、达官名流，还写下了不计其数的诗、词、赋、碑记、论著等。

自汉代至明、清，流传下来的有关函谷关的诗篇达数百首之多，其中有唐太宗李世民、唐玄宗李隆基、贵妃杨玉环的诗篇，还有李白、杜甫、白居易、刘禹锡、岑参、韩愈、韦应物、元好问、李清照、辛愿等诗文巨匠的杰作。游历函谷关的历代文人墨客都留下了自己对于这座千古雄关的赞叹，以及对在这里发生的重大历史事件的感悟。

古代歌咏函谷关的诗赋极多，其中比较知名的有《入潼关》（唐·李世民）、《奉和圣制经函谷关作》（唐·张九龄）、《函谷关歌，送刘评事使关西》（唐·岑参）、《经函谷关》（唐·韦应物）、《秋晚度废关》（唐·李行言）、《社日关路作》（唐·白居易）、《函谷关》（唐·胡曾）、《出关怀古》（明·郭登）、《秦王扫六合》（唐·李白）、《潼关吏》（唐·杜甫）、《出关路》（唐·白居易）、《出关》（唐·杜牧）、《出关宿盘豆馆对丛芦有感》（唐·李商隐）、《古函关》（唐·皮日休）、《函谷关》（清·续范亭）、《函谷紫气》（清·杨浩）、《老子故宅》（唐·李隆基）、《老子故宅》（明·许进）、《函关鸡鸣》（清·王道晖）、《函关鸡鸣》（清·许春台）等。

1923年初秋，康有为从西安返回途中，曾游函谷关，为魏函谷关城楼题写"天下为公"四字。1924年8月9日，鲁迅自陕西返京途中，曾游览函谷关。1938年10月朱德总司令路经函谷关奔赴抗日前线。

2. 弥足珍贵的碑刻

庙院现存元代、清代石碑两通，分别记载了老子骑青牛过函谷关的故事。

1988年秋，函谷碑林建成，碑林总占地面积4000

中国古代著名关卡

平方米，南北长 100 米，东西宽 40 米。碑林主要集中了从函谷关附近各处搜集来的古碑，唐、宋、明、清都有，约七十通。其中较珍贵的碑刻有三通，分别为明代吏部尚书许天官夫人墓志碑、杨仲嗣墓志碑、灵宝金矿石地震碑。更多的还有当代书法大家、名人吟咏函谷关诗文的新碑。碑林内容丰富、涵盖面广。

五、函谷关的历史典故

（一）鸡鸣狗盗

春秋战国时期，有四个人被称作"四君子"。他们分别是：齐国的孟尝君、魏国的信陵君、赵国的平原君、楚国的春申君。其中以孟尝君的名气最大，据说投在他门下的食客有三千多人。他好客喜贤的名声传遍了列国，秦昭襄王打算请孟尝君到秦国做丞相。

孟尝君经过深思熟虑，决定到秦国去做丞相。孟尝君到秦国后，向秦王献出了稀世珍宝——白狐裘。秦王深知白狐裘的珍贵，很得意地在宠妃燕姬面前夸耀。

秦王请孟尝君做丞相，令秦国的一些大臣很不安，他们害怕因孟尝君的到来使自己的地位受到威胁，便纷纷在秦王面前说孟尝君的坏话，希望秦王杀掉孟尝君。秦王的心有所动摇，就将孟尝君软禁了起来。孟尝君遭此困境，他开始考虑怎么逃出秦国。

秦王有个最受宠爱的妃子，就是前文提到的燕姬。孟尝君派人去求她救助。妃子答应了，条件是拿齐国那件天下无双的白狐裘做报酬。这可叫孟尝君作难了，因为刚到秦国时，他便把这件白狐裘献给了秦昭襄王。孟尝君和众门客面面相觑，一筹莫展。正在焦急之时，一个擅长偷盗的门客表示能够将白狐裘从王宫里弄出来。

当天晚上，那个门客装扮成狗，从狗洞里爬进王宫，找到库房大门，学狗叫骗过看守，盗出了白狐裘，献给了燕姬。燕姬非常高兴，乘着夜宴之际，劝说秦王放了孟尝君。

孟尝君得到过关文书后，立即带领门客起程，赶到函谷关时，正是夜半时分。秦国的法律规定：日落闭关，鸡鸣开关。孟尝君怕秦王反悔，派追兵赶来，急得如热锅上的蚂蚁。忽然一位擅长口技的门客跑到函谷关附近的山丘上，学起了鸡叫，其声音真切响亮，引得关内外雄鸡都叫了起来。关吏听到鸡叫，以为天亮了，糊里糊涂开了关门，验了文书，放孟尝君一行出关去了。这就是广为流传的"鸡鸣狗盗"的故事。

（二）公孙白马

　　战国时期，诸子百家，纷纷立论，互相争鸣，使我国古代哲学思潮非常活跃。当时赵国的平原君门客中有一名叫公孙龙的，想到秦国去。那时赵国一带的马，正流行一种烈性传染病。秦国得知后，在其东大门的函谷关贴出告示："凡赵国的马概不得入关。"这天，公孙龙骑着白马，来到函谷关，验过符节就要过关。关吏拦住说："你人可以过关，但马不能过关。"公孙龙不悦，说："马不能过关。白马非马，怎能不让过呢？"关吏说："白马也是马呀！"公孙龙说："难道我公孙龙就是龙吗？"关吏被问愣了。公孙龙又说："白马者，马与白也，或白与马也，譬如说要马，给黄马、黑马都行，但要白马，给黄马、黑马就不行了。这说明白马和马是两回事，也就是说白马就不是马，为什么不能过呢？"关吏还没明白过来，他就骑着马过了函谷关。不久，关令知道了此事，决心要治治他。后来，公孙龙从秦国返回，出关这天，关令故意站在关前。公孙龙被验过符后，关令不叫公孙龙过关，说："你要出关，请到别处过。"公孙龙说："自古从赵国到秦国，这个关是必经之路，我不从此过，还能从哪过？"关令说："这里是函谷关，不是你说的关。"公孙龙苦笑着说："函谷关怎么不是关呢？"关令说："先生不是说过'白马非马'吗？"这时公孙龙才意识到遇到了对手，但又怕误了赶路，便跪在关令面前哀求，最后过了函谷关。"白马非马"的争论是当时哲学上一件很重大的事情，说明我国古代思想家开始思考一般和个别的关系问题。

（三）玄宗改元

　　唐玄宗李隆基登基后，就想着炼丹成仙，有许多方士道人因奉献丹药，全家升迁。当时陈王圭府有一个参军，叫田同秀。一日早朝时，说他晚上梦见太上老君在函谷关丹凤楼会见了他，老子告诉他说在他著经的地方，埋有一个桃符，谁能得到它，谁就能得天下。玄宗听后，马上命田同秀带人到函谷关老子著经的地方，掘地三尺，挖出一个桃符，上面刻着一个奇怪的字，众臣解释为四十八，说老子可保佑玄宗坐四十八年天下。玄宗大喜，随即改开元年号为天宝年号，立老子为太上玄元皇帝，改桃林县为灵宝县。

（四）终军弃繻

汉景帝于公元前 153 年复置函谷关，下令用"繻"作为出入关卡的凭证。公元前 140 年，汉武帝刘彻诏举贤士。当时济南有一名叫终军的人才华横溢，18 岁时就被选为博士弟子，与少年才子贾谊齐名，并称为"终贾"。一天，他从济南步行赶往长安，行至函谷关，关吏验过繻后，交还给他，他弃之而行。关吏笑他无知，他说，大丈夫过关图个功名，不再用这一般人用的繻。后来，终军果然得到了汉武帝重用，任南越大使。重过函谷关时，关吏认出了他，说这就是当年弃繻过关的孩子，随从大呼："这是出使南越的大使，不许胡说。"关吏大惊，忙跪拜送出关门。以后，灵宝人教育孩子都会说："要长进，学终军。"

（五）一丸泥

"一丸泥"就是一粒泥丸的意思。《后汉书·隗嚣公孙述列传》中记载了这样的事情：新莽末，隗嚣为西州上将军，割据陇西。后来他想要归降刘秀，他的主帅王元主张据隘自守，与隗嚣说："请你拿一粒泥丸，把函谷关东面封上。"函谷关位于今河南灵宝，谷的形状像一个盒子，所以称为"函谷"，古代

时为东西交通要塞，是兵家必争的关隘。王元却说一粒泥丸就可封住函谷关，好似开玩笑一般把这件事说得如此轻而易举。试问一下，封关何用"丸泥"呢？一粒小小的泥丸，又怎么可能封住关隘呢？

在书信史上的检牍时代，想要封住信口，需要泥，以泥封检，叫做"泥封"。这样的泥就称为"封泥"。王元的意思是说扼守函谷关，就好似拿泥巴封住信口那么轻而易举。

用泥封住信口的时候，多是在信上刻出一个方形浅槽，用来藏住封泥，称为"印齿"。也有不刻印齿的，叫平检，泥就封在检上。

泥封用的绳子，也很有讲究。要是用于封检，绳子要细而圆；要是封囊，绳子应该扁而且宽。颜色也有区别。

封泥，是用一种特产黏土制成。汉制，天子玺封，用紫泥。紫泥产于武都（在今甘肃省西和县境），故皇帝诏书又叫"紫泥书"。东汉邓训为护羌校尉，政绩突出，喜欢用青泥做封。青泥产自赵国易阳（今河北省永年县），羌民自愿推鹿车行走千里去采集青泥，来报答他的恩德，一时间传为佳话。

封泥的制作，因用途不同，填料也不同，还有添加香料的。所以封泥又有"金泥""芝泥"之称。诗文中多以"芝泥""封检"代称书信，于是又衍生出有关书信的多种雅称。这些雅称，今日已经很少使用，但是"芝泥"一词犹存。用一粒小小的泥丸封住险峻的关隘，恰恰说明关隘独特有利的军事地理位置——以极少的力量，便可以防守。

六、函谷关的名胜古迹与出土文物

（一）函谷关的名胜古迹

目前函谷关已被辟为古文化旅游区，其主要文物古迹有：

1. 函谷关东门关楼

函谷关东门又称丹凤楼，位于函谷关古道东端、东城墙的中部，依弘农涧河而筑。遗址南北长 60 米，东西宽 50 米，呈凹形，坐西向东，控制着入关的要道。据专家对中国汉代石像画考证认定，东城楼为双门楼三层建筑，楼顶各饰丹凤一只。楚汉之争中，原关楼被项羽所焚。现关楼是 1992 年投资三百余万元，依照四川省成都市青羊山出土的汉像砖古函谷关楼图重建。

2. 函谷古道

东起宏农涧西岸的函谷关东门，横穿关城向西，由王垛村的果沟、黄河峪、狼皮沟至古桑田（今稠桑），全长 15 公里，是这一带唯一的东西通道。谷深50-70 米，谷底宽 10 米左右，窄处只有两三米，谷岸坡度 40-80 度，谷底有蜿蜒道路相通，崎岖狭窄，空谷幽深，人行其中，如入函中。关道两侧，绝壁陡起，峰岩林立，地势险恶，地貌森然。古书上说函谷关道"车不方轨，马不并辔""一泥丸而东封函谷"。近年，村内一农民在田间劳动时，曾挖掘出一具古代人骨，发现其身上中箭十多处，经文物部门鉴定，死者身上的箭镞为战国时期制品，可见当时战争之一斑。

3. 战国井式箭库

在函谷关东城门右侧城墙下端，有一直径 0.9 米竖井窑穴式兵器仓库，是在 1986 年 7 月发现的，是战国时守关官吏储藏兵器的箭库。箭库像一口旱井，里面放着一捆捆的箭，约两立方米，箭头是铜质的，箭杆是铁质的，很轻，已

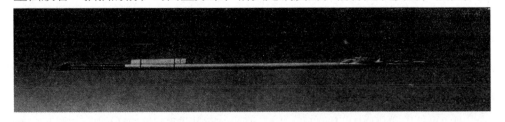

经锈在一起，不能分开。
此箭库为研究战国时期
的兵器提供了重要依据。

4. 尹喜故宅遗址

相传为尹喜的寓所。
尹喜，春秋时代人，素识天象，曾为函谷关关令。传说他曾在此接待老子。唐
开元十九年（731年），陈王府参军田同秀（桃林县人）为献媚皇上，进言玄宗
皇帝说天降灵符于函谷尹喜故室，玄宗即遣人去挖掘，果然掘得"灵符"。玄宗
大喜，以为这是老子对他的恩赐，遂将年号"开元"改为"天宝"。尹喜，周昭
王时为函谷关令。少好坟（三皇之书）、索（八卦之书，书名）、素（《太公素
书》）、易（《易经》）之书。善天文秘纬，仰观俯察，莫不洞彻，不行俗礼，隐
德行仁。后因涉览山水，于雍州终南山周至县神就乡闻仙里结草为楼，精思至
道。因以其楼观星望气，故号其宅为楼观。周王闻之，拜为大夫，后复召为东
宫宾友。

函谷关

尹喜为函谷关关令时，见东方有紫气西迈，知有圣人将至。不久老子驾青
牛薄板车至函谷关，遂迎入官舍，北面师事之。居百日，尹喜以疾辞官，复迎
老子归楼观本宅，斋戒问道，并请老子著书，以惠后世。于是老子乃著道德五
千言以授之。老子遂去，不知所终。

之后，尹喜乃弃绝人事，按老子所授经法，精修至道。三年后，悉臻其妙。
乃著《关尹子》九篇，发挥道德二经，《庄子·天下篇》概括其思想为："以本
为精，经物为粗，以有积为不足，澹然独与神明居。"《吕氏春秋》谓："老聃
贵柔，关尹贵清。"东晋道教理论家葛洪对《关尹子》推崇备至。认为：方士不
能到，先儒未尝言，可仰而不可攀，可玩而不可执，可鉴而不可思，可符而不
可说。《关尹子》在《百子全书》中列在《道德经》前，可见其书的分量了。

魏晋梁湛所著《楼观本起内传》称：历代时君世主相继在尹喜故宅楼观台
建庙立观，召致幽人逸士度为道士。战国秦汉间有名姓可考者有尹轨等十二人
之多。至魏晋南北朝时，北方道士云集楼观，形成了中国道教奉老子为祖师的
楼观派，一直延续至今。现在，周至楼观台为闻名于国内外的道教丛林。

天水市东伯阳渠早在元代就建有老子、尹喜的道观。奉祀老子的道观称柏
林观，又有讲经台。山后十余里有尹道寺，称"尹喜故里"。其殿前有楹联一

副，曰："华章九篇入百子，经文五千诵道德。"可谓对尹喜思想的恰当概括。

5. 鸡鸣台，又叫田文台。

周赧王十七年（公元前 298 年），据《史记·孟尝君传》载，秦昭王拜齐国田文（孟尝君）为相，因听信谗言，欲杀田文。孟尝君的门客用"狗盗"之术偷偷潜入皇宫，盗取了已经献给昭王的白狐裘，贿送给昭王的宠妃燕姬，才最终得以逃脱。孟尝君日夜兼程来到函谷关，关门已经关闭了。按秦国法律鸡叫后才能打开关门。孟尝君的门客有个能学鸡叫的，引得关内金鸡齐唱，诈开关门，脱险出关。秦王追兵到函谷关，早不见田文踪影。现存遗址面积一千五百余平方米，地下有古代土层及建筑构件，地上亭台为 1989 年秋重建。1996 年 7月，函谷关镇投资七万元，修建鸡鸣狗盗演示厅，游客通过演示，预兆命运能否会像田文一样化险为夷，吉（鸡）祥如意。成语"鸡鸣狗盗"的故事就发生在这里。重建的鸡鸣台传说就是当年田文门客学鸡叫的高埠。

6. 望气台，又叫瞻紫楼。

传说是函谷关关令尹喜登高望远、观察天象之地。"紫气东来"这一成语源出于此。唐代大诗人杜甫《秋兰》诗中有"西望瑶池降王母，东来紫气满函关"之句。后人为纪念他，便将尹喜登高望远的土山起名为望气台。唐时在上面修建了三丈多高的"瞻紫楼"。此楼民国年间毁于兵火，现在所能看到的是近年修建的仿古建筑。

7. 太初宫

位于函谷关东城门右侧。传说，尹喜迎候老子到函谷关，行以师礼，恳求老子为其著书，老子便在此写下了《道德经》五千言。这部蕴涵丰富的著作对后世影响很大（也有人认为是后人托名之作）。为了纪念这件事，后人便在老子著经的地方修筑了太初宫，曾是一座道观。

太初宫为殿宇式古典建筑。殿脊和山墙檐边上塑有麒麟、狮、虎、鸡、狗等珍禽异兽，神形兼备。殿顶飞梁纵横，椽檩参差，虽然屋架复杂，但自成规矩。殿宇宽阔，中无撑柱。史载，太初宫始建于西周。现存太初宫主殿建于唐以前，元、明、清各代均有修葺。庙院现存石碑两通，一通立于元大德四年，一通立于清顺治年

中国古代著名关卡

166

间，上面都记载着老子骑青牛过函谷关的故事。

据元大德四年、清顺治十年的《重修太初宫》碑文记载：周，昭王二十五年，关令尹喜望东方有紫气，知有异人通过，整日恭候，果见老子驾青牛薄睾自东而来，即迎邀

留居，著《道德经》五千言以传于世。《道德经》提出了一个以道为核心的思想体系，具有丰富的朴素辩证法思想，保存了许多古代天文、生产技术等方面的资料，还涉及军事和养生之道。"意为先天一气浑成者，名为'太初'。后人即宅而观曰'太初宫'。宋崇宁四年（1105 年），有甘露降真武殿后，乃敕修宇行廊，改为'太初宫'。嗣后历遭兵火，断简残碑几乎荡然无存……"这些记载比较清楚地说明了"太初宫"的由来和变迁。为了纪念这件事，后人便在老子著经的地方修筑了太初宫，现址上的太初宫正殿保留有唐、元、明、清建筑构件。

8. 函谷夹辅

位于灵宝市城北 17 公里的孟村旧村的小谷里，南距古函谷关约两公里。夹辅外形像炮楼，砖木结构，城门式建筑。分内外二重门，外门口上，青砖镌刻"函谷夹辅"四字。城门上系二层歇山顶式四角楼。目前除北边房顶和部分部件有损坏外，基本上保存完整。据鉴定，现存建筑建于明代，清代重修。

9. 函谷碑林

函谷碑林修建于 1988 年秋，碑林南北长 100 米，东西宽 40 米，占地面积 4000 平方米，有石碑 62 通。其中不但有从灵宝各地搜集来的古碑，如宋代的法制碑、唐代的地震碑、杨贵妃之兄杨仲嗣的墓志碑、明代吏部尚书许天官夫人的墓志碑等，而且也有近现代书法名家书写名人吟咏函谷关诗文的新碑，如：清代康有为给当时的灵宝县长写的条幅石碑、李向阳原型的笔文碑等。

10. 关城遗址

关城遗址：据史书记载和文物钻探考证，古函谷关关城为不规则长方形，用长、圆、平夯夯打而成。东城墙沿宏农涧河岸蜿蜒起伏，长 1800 多米；西城墙沿衡岭塬而筑，长 900-1000 米；南城墙长 180 多米。

（二）函谷关的出土文物

函谷关现有陈列室，主要陈列古函谷关上自新石器时代，下至明清出土的珍贵文物。以春秋战国及秦汉为主，有兵器、建筑材料、生活用品、生产用具、钱范货币等。

1. 兵器

春秋时期，青铜剑两柄，三棱无出血槽箭镞数十枚。战国时代，弩机一只。

2. 建筑材料

春秋时代的卷云纹瓦当，战国时代上饰"中候"的瓦当，汉代上饰"千秋万岁"的瓦当。汉代五边形排水管道、汉砖、绳纹瓦等。

3. 生活用品和生产用具：石条、陶豆、鼎、铜镜、石磨等。

4. 货币和交通传符：在函谷关丹凤楼内发现有大批制币用的钱范，以"五株""汉小钱"最多，并存有大泉五十、汉半两、货泉等。另外还陈列有两枚泥质方形、阳文篆书的封泥，一枚为"新安右尉"，一枚上方为"嘉呈"。

5. 仪仗用具：陈列有清代木制方天画戟、龙头拐、朝天蹬、偃月刀、如意剑、宝塔、缠龙棍、太极图、钺斧、金瓜等二十余件。

中国古代著名关卡

潼关

潼关，自古素有"畿内首险""四镇咽喉""百二重关"之誉。潼关，位于陕西东部渭河下游、旧潼关县港口镇东南的黄河边上，与崤函古道东口的函谷关遥遥相对。潼关设于东汉末，后几经迁移，形成今日潼关城旧址。因为潼关地处黄河渡口，位居晋、陕、豫三省要冲，扼长安至洛阳驿道的要冲，是进出三秦之锁钥，所以成为汉末以来东入中原和西出关中、西域的必经之地及关防要隘。

一、潼关的地理概况

今潼关县北临渭水与黄河，县境东西宽、南北长各约 25 公里。地势呈南高北低的不规则梯形：南部 39% 的面积是秦岭山地，一般海拔 800—1800 米，最高峰八道埌海拔 2132 米；中部 45% 的面积为黄土残原，海拔 400—800 米，沟深坡陡，原面破碎；北部 16% 的面积是黄河、渭河二级阶地和冲积平原，最低海拔 328 米。县境内有发源于秦岭山地的七条峪道，皆为季节性水流，天旱多干涸。自东而西依次为：西峪、桐峪、善车峪、太峪、麻峪、蒿岔峪和潼峪；前五峪之水在港口镇东南方向的坡头村南面汇合后，经河南灵宝县境内注入黄河；后两峪在苏家村南面汇合为一，经港口镇（旧潼关）之东注入渭河。

潼关县地理形势中，秦岭山地和黄土残原区皆交通不便，晴通雨阻。在交通工具简陋和技术低下的古代，其艰难程度可想而知。东汉末年至唐天授二年之前，潼关城是在南原之上。南原地形稍显平坦，但整体狭窄（东西宽约 2 公里），海拔约 550 米；其两侧便是流水深切的远望沟和金沟（唐代称"禁沟"，其上游即蒿岔峪），与南原的相对高差超过 200 米。当关城在此原上时，从东方的河南道虢州（今河南灵宝市）西入关中，须经阌乡县西北 35 里的黄巷坂。此坂道北面与黄河仅隔一道高崖，道南即是南原，坂道夹处于崖原之间，长约 15 里，车不方轨。循此坂道上行到远望沟口，再傍沟涧登上南原，方才进入潼关城，然后再下关西的禁沟北行，出沟后循渭河南岸驿道西去。

按自今港口镇东行约 2.5 公里至黄巷坂，其名自汉已然。再迤东至于河南灵宝，属崤山北麓，地貌形态高下起伏，多沟涧峭崖，东西往来之道或行沟谷之中，或经山原之上，多迂曲峻坂，车不方轨。北魏郦道元记曰："河水自潼关东北流，水侧有长坂，谓之黄巷坂，坂傍绝涧（按即远望沟），陟此坂以升潼关，所谓沂黄巷以济潼矣。历北出东崤，通谓之函谷关也。邃

中国古代著名关卡

岸天高，涧道之峡，车不方轨，号曰天险。"

唐代潼关城隔河北望风陵津，再北 60 里有蒲津舟桥，乃潼关之辅翼。潼关城西至长安 300 里间，川途旷然。从军事地形角度观察，今豫西山地、陕西华山山地和商洛山区，对交通的影响特别突出——关中与关东之间的直通线，便是渭河—黄河水道与黄河南岸的崤函古道。然潼关以东黄河因有三门峡谷与砥柱之险，遂使陆路交通尤显重要。

再扩大言之，今太行山地、豫西丘陵山地和陕西商洛山区，呈东北—西南形势绵延千余里，以海拔较高而地形复杂的中间地带，阻隔着汾渭盆地与华北平原的交通往来。在古代，横穿这道中间地带的陆路有三条：晋南豫北通道（临晋关—轵关道）、豫西通道（函谷道）、商洛—南阳通道（武关道）。其中以函谷道最为通畅便捷。

二、潼关的风景名胜

（一）潼关景观

1. 潼关十二连城

潼关十二连城，又名烽火台，俗称墩台，位于距潼关县城东约 3 公里的禁沟两岸。禁沟北起禁沟与潼河交汇处，南至秦岭蒿岔峪口，南北长约 15 公里。沟底经过长期山水冲刷，形成宽 30 米的平坦斜坡道，成为通往潼关城右侧的一条军事要道。

自唐朝以来的各个时期，为了潼关的安全，在禁沟西岸，分筑方形土台 12 个。土台底边长 11 米，宽 10.5 米，高 7.6 米，夯层 9-14 厘米。土台四周均有唐至明、清的瓦砾片。这些设施，属于防御性的军事堡垒，由于与潼关基本相连接，故称"十二连城"。

2. 仰韶文化遗址

仰韶文化，因在河南渑池仰韶村发现，故名。仰韶文化也称彩陶文化，多数是粗陶，这是当做同系统文化的代表名称。

在潼关县境内，已发现的仰韶文化遗址，有两处：

一处是南寨子仰韶文化遗址。位于吴村乡南寨子鱼化屯小河和潼河交汇处，南高北低，东西宽约 350 米，南北长约 1000 米。这处遗址的文物，除部分灰坑因修筑陇海铁路受到一些破损，大部分尚保存完好。发现有高 2.5 米、长达 30 米的灰层一处，直径 3—4 米的灰坑 11 个，人骨架 3 个，出土文物有石斧、石镰、石环，还有红灰陶环，夹沙红网坠的口、耳、底，有彩陶钵、红陶盆、夹沙陶罐等的口和底，还有红、彩陶片等。陶器纹饰多样，有绘画纹、网纹、水纹、绳纹、兰纹和附加堆纹等。

另一处是张家湾仰韶文化遗址。位于港口镇张家湾圪岔路以西的"二层高原"（当地人叫"二层台"）上，东西宽约 50 米，南北长约

100 米。这处遗址发现有露出在南高红 2 米的灰坑两个。灰坑内有集中的草泥和红烧土，抗日战争前夕至今，出土了陶器瓦瓮、瓦罐、陶瓷瓦瓮、陶片和石块等文物。陶器纹近几年有绘纹、画纹、兰纹等多种。

这两处古文化遗址，依山傍水，土地肥沃，具有人类聚居生存的优越条件。它们都是在 1980 年经省、地、县普查文物小组发现鉴定的。出土文物收藏于县文化馆中。

3. 佛头崖

佛头崖，在今陕西潼关县治南 10 公里的安乐乡的松果山上，因其形似佛头而得名。它是秦岭在潼关境内最高的山峰。《潼关县新志》称："关南名胜，无逾此者。"

佛头崖山势峻峭，直若刀劈。崖上树木挺拔、郁郁葱葱。山径蜿蜒曲折，俗称"十八盘"。人攀其上，若步云梯。佛头崖有唐贞观十年（636 年）兴建的菩萨庙一座，正殿五间，僧舍十间。庙院依山临壑，风景秀丽。庙前古树参天，松柏掩映。庙后悬崖陡壁，直插云霄。环顾山间，重峦叠翠，云雾缭绕，秀冶欲滴。远眺山处，田陌村舍，滔滔黄渭，尽收眼底，令人心旷神怡。库院近处有两处水潭：黑龙潭阴森可畏；黄龙潭澄澈见底。二潭清冽甘美，饮之可口，吸引游人樵夫流连忘返。

佛头崖海拔高达 1806 米，对潼关的气候有一定影响。农谚说："云覆顶则雨。"解放前，每遇久旱，农民多至此拜佛求雨，每年农历六月初十，佛头崖庙会，香客游人，络绎不绝。

（二）潼关八景

潼关八景，是潼关地区能够欣赏的八处胜景。八景分别是雄关虎踞、禁沟龙湫、秦岭云屏、中条雪案、风陵晓渡、黄河春涨、谯楼晚照、道观神钟。现分别介绍如下：

1. 雄关虎踞

雄关，是指潼关故城东门的关楼。虎踞，是指东门外麒麟山角形似一只猛虎蹲在关口。东门城楼北临黄河，面依麒麟山角，东有远望沟天堑，是从东面进关的唯一大门，峻险异常，大有"一夫当关，万夫莫开"之势。进关时，沿着东门外陡坡道拾级而上，举目仰望关楼和巍峨的麒麟山，恰如一只眈眈雄视的猛虎，守卫着陕西的东大门，以威严雄险著称。清代淡文远胜赞雄关虎踞："秦山洪水一关横，雄视中天障帝京。但得一夫当关隘，丸泥莫漫觑严城。"

2. 禁沟龙湫

上有悬瀑，下有深潭叫做"龙湫"。禁沟龙湫景致在禁沟口石门关北面禁沟水与潼河相汇处。北距潼关故城约2公里。

禁沟既长且深，下有流水，水源出自秦岭蒿岔峪，汇合沿途泉水流至沟口石门关。沟床突变，湍流直下，飞沫四溅，好似白练高挂。沟水下落与潼河相溶，汇为深潭。碧波荡漾，鱼跃兴波，绿树成荫，花香鸟语，颇有江南水乡风韵。明代林云翰咏《禁沟龙湫》诗云："禁沟山下有灵源，一脉渊深透海门。龙仰镜天嘘雾气，鱼穿石甃动苔痕。四时霖雨资农望，千里风云斡化云。乘兴登临怀胜迹，载将春酒醉芳尊。"

3. 秦岭云屏

秦岭云屏，把秦岭云雾缭绕的自然风光比作潼关的屏风。

潼关南面的秦岭峰峦起伏，苍翠清新，令人赏心悦目。每当雨雪前后，景象更为佳妙，峰峦中游云片片，若飘若定，似嵌似浮，来之突然，去之无踪。忽而若龙腾跃，忽而若马奔驰。有时如丝如缕，有时铺天盖地，或如高山戴帽，或如素带缠腰，或如绵团乱丝。千姿百态，变化无穷。追旭日初露，锦幛乍开，五光十色，山为画，画为山，画山融为一体。《秦蜀驿程记》的作者曾欣喜地写道："河南（黄河以南，指潼关一带）连山，绵绵不绝。……时见白云逢逢，

自半山出，惝恍无定姿，心目为之清旷。"现在，每当秦岭云屏出现的时候，人们仍可尽情欣赏这一胜景，分享自然的乐趣。淡文远《秦岭云屏》诗云："屏峙青山翠色新，晴岚一带横斜曛。寻幽远出潼川上，几处烟村锁白云。"

中国古代著名关卡

4. 中条雪案

中条指中条山，在今山西省。其西面端与潼关隔黄河相望，明代时为蒲州所辖。中条雪案，指中条山清幽的雪景。在古代，潼关正是军事重镇，设防范围北跨黄河，在蒲州境内筑守御城，设千总，管辖蒲州一些关津渡口。潼关故城处正是欣赏中条雪案的最佳位置。

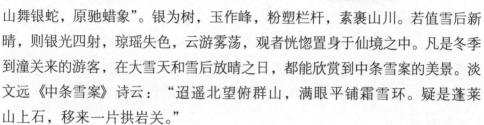

大雪纷飞，苍翠的中条山如今银装素裹。站在潼关城头北眺，但见"千山鸟飞绝，万径人踪灭"，满目皑皑，"大河上下，顿失滔滔。山舞银蛇，原驰蜡象"。银为树，玉作峰，粉塑栏杆，素裹山川。若值雪后新晴，则银光四射，琼瑶失色，云游雾荡，观者恍惚置身于仙境之中。凡是冬季到潼关来的游客，在大雪天和雪后放晴之日，都能欣赏到中条雪案的美景。淡文远《中条雪案》诗云："迢遥北望俯群山，满眼平铺霜雪环。疑是蓬莱山上石，移来一片拱岩关。"

5. 风陵晓渡

风陵，神话传说中女娲氏之墓。位于潼关故城东门外黄河岸河滩。风陵处的渡口叫"风陵渡"。女娲姓风，风陵渡因此得名，潼关也由此被尊为天下第一风水宝地。

潼关城地处黄、渭二河交汇处，早在春秋时期，就是交通枢纽，水路要冲。清雍正六年（1728年），风陵渡就有"官船十一只，水夫八十四人"（《续潼关县志》）。每日拂晓，沉睡的黄河刚刚苏醒，岸上树影依稀可辨时，南来北往的客商就熙熙攘攘地朝风陵渡集结了。推车的、骑马的、赶牲口的、荷担的、负囊的……接踵而来。有的赶路，有的候渡，有的则已经坐在船头泛舟中流。遥望黄河上下，烟雾茫茫，桅灯闪烁。船只南北横驰，彩帆东西争扬，侧耳倾听，哗哗的水声，吱吱的橹声，高亢的号子声、顾客的呼喊声、鸟鸣声、钟声汇成一片，古渡两岸回荡着优美的清晨争渡的交响曲。淡文远咏《风陵晓晓》诗："洪波一片接天时，几叶扁舟渡晓晴。秦晋漫云南北限，此陵自古达潼城。"

6. 黄河春涨

万物复苏，春暖花开，黄河上游的万山丛中，积雪消融，封冰解冻，黄河流量剧增。站在潼关城头北眺东望，只见银光闪闪的冰凌伴随着河水汹涌而下，水天一色，眼前一叶叶冰船傲居浪头，忽高忽低，时隐时现，有的排着长队，中流争渡；有的单枪匹马，岸边徘徊。风声、水声、隆隆的冰块相撞声，威武雄壮，激荡情怀。林云翰《黄河春涨》诗云："冰泮黄河柳作烟，忽看新涨浩无边。飞涛汹涌警千里，卷浪弥漫沸百川。两岸晓迷红杏雨，一篙春棹白鸥天。临流会忆登仙事，好借星槎拟泛骞。"

7. 谯楼晚照

谯楼，古代建筑在城门上的楼，楼上驻兵，用以瞭望，报警报时。谯楼晚照，指日落时候潼关谯楼（指西城门楼）的景致。

夕阳西下，晚霞似火，高大巍峨的谯楼西城门楼披上锦衣，置身于彩云之中。雕柱斗角，飞檐钩心，光辉四射，谯楼暗亮分明，边沿折光，五光十色。栏杆空处，红霞道道如束。谯楼四周"归鸿默默争先集，落雁翩翩入望中"。楼上游客，指点山川，似在画中赏景。清代潘耀祖《谯楼晚照》诗云："画楼突兀映麒麟，斗角钩心满眼春。待得夕阳横雁背，鼓声初动少行人。"

8. 道观神钟

道观指道教的庙宇。道观神钟，因道观里的异于一般的"神钟"而驰名。

相传在明万历年间（1590 年）洪水泛滥，黄河汹涌澎湃，流有雌雄二钟。雌钟（铁钟）止于潼关，"出，扣拓阴晴"；而雄钟（铜钟）则流于陕州。万历二十四年（1596 年），这口奇异的雌钟被悬挂在麒麟山顶的钟亭上。钟亭周围绿树参天，白云缭绕，晨昏叩之，钟声抑扬顿挫。"宫商递变，律吕相生，声扬远闻"，清脆悦耳，山川生色。潘耀祖《道观神钟》诗云："大河水泛出鲸鱼，仙院移来岗上居。撞破尘缘声几点，寒山遗响震穹庐。"

中国古代著名关卡

潼
关

三、潼关的民间传说

潼关历史源远流长，武王灭殷之后，"归马于华山之阳，牧牛于桃林之野"。桃林就是潼关。潼关还是古代帝王祭祀天地五帝的固定地方之一。历史上记载潼关在"秦献公时金雨，故于此作畦畤祀白帝"。金雨就是陨石雨。潼关出现陨石雨，秦献公看成是"金瑞"，得天下之吉兆，故建畦畤每年祭祀白帝。后来秦始皇果然得天下，潼关就成了金瑞吉祥之地。古代著名文人僧一行评论说："天下之山河，存乎两戒，北戒自三危积石，负终南地络之阴，东走太华以至于潼，南戒自岷山之冢。负地络之阳，东走太华，以至于潼，而两戒会于一则潼者，两戒之会区也。"这就给潼关蒙上了无比神秘的色彩。民间流传的许多神奇传说，无论是盘古开天地、巨灵造山河，还是女娲炼石补天，都与潼关有着千丝万缕的联系。这些都反映出潼关深厚的文化积淀。

（一）潼关站逸事

在陕西省境内，有一个火车站叫潼关站。古时候，这里受地形和自然条件的影响，每当早晨和傍晚便云蒸霞蔚，烟雾缭绕，五光十色，因而古称烟岭镇。但后来为何又改为潼关呢？民间流传着这样一段故事。

话说北宋真宗年间，我国北部少数民族部落不时侵扰中原，烽火连天，狼烟迭起，神州大地处处兵荒马乱、刀光剑影。朝廷于荒乱之中召集文武百官共商大事。大家众说纷纭，有的主张弃城南迁，有的主张以米、帛、美女求和。唯有老臣寇准犯颜直谏，主张迎击敌酋，力挽狂澜。他陈述了战则胜、降必亡的道理，侃侃而谈，使人心悦诚服。真宗听了几番论述，比较了事情的利害关系，准了寇准的奏本，并颁旨下谕，御驾亲征。

皇帝的车辇还未到边关，众将士闻讯欢呼，勇气倍增。他们浴血厮杀，奋力拼搏，即使马革裹尸也要力保江山社稷。经过数次交锋，北宋将士终于迫使敌酋俯首投降。然而，就在这个紧急关头，宋真宗却听信谗言，将寇准罢相贬官，削职为民。

这一意外的飞来横祸使寇准心灰意冷，沮丧颓废。他仰天长叹，触景伤神，借酒浇愁。在京都，他百无聊赖，遍访挚友宾朋、至亲同僚，每日对酒狂歌，听丝弦之韵，看舞姬之姿，赏花间枯荣，思大宋山河。

在一次宴会上，他看到一位歌女风度翩翩，容颜楚楚，并且舞姿轻盈，于是就赐她一匹上等绢绫。一打听，才知道这位歌女名叫茜桃，家乡在南山烟岭镇一带，她出身寒微，历尽苦难，虽然祖祖辈辈从事农桑，然而衣不遮体，食不果腹。万般无奈之下，她流落为歌女，以卖唱为主，受尽屈辱。今日，她得到赏赐，不觉感慨万千，十几年的辛酸苦辣一起涌上心头。为感谢寇准的知遇之恩，她当场写了《呈寇公》诗一首："一曲清歌一束绫，美人犹自意嫌轻。不知织女萤窗苦，几度抛梭织得成。"

寇准看罢，不觉羞惭愧疚，悔恨不已，怨自己过去对民间疾苦了解得太少了。过了一段时间，寇准将茜桃收为侍妾，在烟岭镇修了一处宅院，还将烟岭镇改称潼关。陇海铁路修筑时经过此地，此地的车站依地名设为潼关站。

（二）潼关沟壑的故事

潼关县方圆不足五百平方公里，却纵横交错着大小沟壑八百余条。提起潼关沟壑众多，当地流传着一段有趣的故事。

相传，盘古开天，潼关原是一片平野，并无沟壑。在巡底村北，有一座泗州城，城郊四野尽是平展展的肥沃土地。人们在这里辛勤耕耘，安居乐业。

一年盛夏，午后酷热难耐。百姓都聚集在街头巷尾的树荫下乘凉闲谈。突然，平空一声炸雷，如同山崩地裂一般，霎时天昏地暗，飞沙走石，忽然从半空浓云中走来一头两头八脚的魔怪。面目狰狞可怖，肩挑一副又粗又大的水桶，里边盛满了水。人们惊恐不安，只见这个怪物用水桶堵住街头，朝众百姓厉声喝道："大胆生灵，你们去年竟不给河神祭祀，大王盛

怒，命我来水淹你们泗州城，黄汤洗地，鸡犬不留。"人们一听，知道大难临头了。惊恐万状，慌忙跪地求饶："大仙息怒，我等小民去年未祭河神，早已知罪，请大仙回禀河神，就说泗州城百姓保证今后年年祭祀，绝不失误，望河神高抬贵手。"那魔怪一听，怪眼一瞪："不行！河神之命，岂能违抗？"说着就要兴妖倾水。

在这千钧一发之际，忽见一个陌生的老太婆走向那怪物，抬抬手说："壮士别忙，我路经此地，因天气炎热，口渴得要命，请你高抬贵手，让我喝口水吧。"魔怪心想，一个老太婆，喝口水碍什么大事？我担的是五湖四海、九江十八河的水，你能喝多少？就大笑说："要喝快喝，喝完了快快闪开。"这时，只见老太婆不慌不忙走近一只桶，弯下腰，一口竟把一大桶水喝了个精光。接着又要去喝另一桶水。那魔怪一看，大惊失色，慌忙去拉老太婆，可老太婆反手抓住魔怪的手腕，使他动弹不得。魔怪看这老太婆绝非凡人，惊恐之中，踢翻了一桶水，夺路而逃。

刹时间，只见大水铺天盖地而来，滚滚波涛涌向城池，田野里一片汪洋，泗州城危机万分。老太婆一看，急忙拔下头上的金簪子，左一划，右一划，前一划，后一划。霎时，只见雷电交加，天摇地动，沙飞石走，老百姓吓得紧闭眼睛。不一会，当大家相互呼唤着睁开双眼，奇迹出现了：只见老太婆金簪划过之处，一条条深沟出现了，遍野的洪水都哗哗地流向深沟，泗州城围水退去，其他小村落都安然无恙。

后来人们才知道，那个魔怪是黄河龙门口蛟龙手下的一员蟹将，而老太婆是南海观音菩萨。南海观音得知黄河蛟龙兴妖作怪，残害百姓，才特地赶来相救。此后，黄河蛟龙被南海观音罚往南海，永远不准再回龙门。至今民间仍然流传着"水淹泗州，冲下禁沟"的神话故事。

四、潼关怀古

（一）潼关位置

潼关城作为戍守要地，先后有三个关城，即东汉、隋、唐及其以后的潼关城。对这三个关城的建关时间、迁关原因、关城位置、关城形态等，以下将分别考证论述：

1. 东汉潼关城

作为守备要塞的潼关城，最早建于东汉末年，建城的具体年代虽已无考，但是在东汉献帝建安十六年（211 年）"超等屯潼关"，随即曹操破马超于潼关，始有潼关之称，此后为世人称。可见在这次战争中，两军相争的潼关城，是最早的潼关城。也可以说，作为守备要地，是第一个潼关城。

东汉潼关城位于何处？据《水经注》云："河水自潼关东北流，水侧有长坂，谓之黄巷坂，傍绝涧涉此坂以升潼关，所谓溯黄巷以济（一作跻）潼关也。"《水经注》的作者北魏郦道元看到的潼关城，必然是东汉潼关城。按照郦道元的说法，自函谷关东来的大道到潼关城东，由于黄河紧切塬下，河边无路可通，只好经过一个黄土巷坡漫上，才能到潼关城，可见这个关城位于高埠之上。清代向准所修《续潼关县志》称："潼关古城在上南门外塬上，今其遗址尚存。"这里所说上南门，是指三门峡库区建设前的潼关县城东南半塬上的南门。潼关县南迁到吴村后，原潼关县城今称港口，为今潼关县港口乡政府驻地，上南门夯筑土台尤在。由上南门向南仰望汉潼关城墙，约略可见其上部。东汉潼关城在今潼关县港口乡政府驻地东南塬上。现只能看到汉潼关城的南墙和北墙。又据当地人讲，这个城只有南墙和北墙，没有东墙和西墙，但说不清为什么没有东墙和西墙。后经考察，东汉潼关城东临原望沟，西临禁沟及潼谷，两沟深堑壁立，可见东汉潼关城的东西两侧以深

堑为墙，所以没有再筑东、西两面城墙。东汉潼关城的南墙和北墙均延伸到原望沟和禁沟、潼谷的边缘。由于水土流失，城墙两端局部崩塌于沟内，从两端可见崩塌的残迹。留在地面的东汉潼关城的北城墙在陶家庄北侧，东西长约1公里，高约7米，黄土板筑，城门约略偏东，与港口潼关老城的上南门南北对峙。南城墙在杨家庄的南侧，城根（北）村的北侧，与原望沟和禁沟之间的古道交叉。这里的古道即东汉时期长洛大道必经之道，从而控制长洛大道。南城墙在平整土地时被拆毁，拆毁的城墙在当地隆起，清晰可见，在城根村的西北和原望沟的沟边仍残留部分城墙，其形态与北墙相同。南墙和北墙南北相距约115公里，由此可见东汉潼关城同样规模甚巨。东汉潼关城为什么能够保留下来？原来，这是一个偏僻的荒野，古今人烟稀少，关城废弃以后，很少有人到那里，这才有幸保留至今。站在东汉潼关城上观望关势，正如古人所云："上跻高隅，俯视洪流，盘纡峻极，实为天险。"

2. 隋潼关城

潼关城在隋代有过一次迁移，《通典》称：隋炀帝"大业七年（611年）移于南北镇城间，坑兽槛谷置。"《通典》的作者杜佑说，隋时所移潼关城在"坑兽槛谷"。那么，坑兽槛谷又在何处？清代向准的《续潼关县志》中云："坑兽槛谷，在城南四里，南北镇城间，隋大业七年，徙潼关于南北镇城间即此。"向准说的"在城南四里"，是指在今潼关县港口乡南四里。又据清代饶应祺所修《同州府续志》云："中咀坡古为连城关，隋大业七年所迁关城也。"这里说的连城关即是南北镇城。赵鹏超所修《潼关县新志》称：隋"大业七年，徙南北连城关，去今地四里"。赵鹏超说的"去今地四里"，即在今潼关县港口乡南四里。又据新编《潼关县志》称："隋大业七年（611年）迁关城于禁沟口。"禁沟口即在中嘴坡下。以上资料讲的都是同一地址，可见隋潼关城只有一个地址。另外，要说明的一点，在考证隋潼关城时不能以"城北村"为依据。城北村原称古城村（村临汉古城），后称城根村（村在汉城南墙根），后又演变为城北村。如果城北村存在，那么，即可推断在此村南有个城，那个城可能是隋潼关城。但是当今所称的城北村，实为城根村或古城村。古无城北村，因此，不能依据城北村来推断隋潼关城。此村近临的古城墙在村北，而不在村南。村南广袤之地上亦无城墙遗迹。

现潼关一带，东汉潼关城以南地势平坦开阔，没有设关的条件，因而，隋城不可能向南迁移。港口南四里的中嘴坡下，是潼水与禁沟的汇合口，一片谷地，它位于汉潼关城南城墙的西南坡下，长洛大道从汉潼关城西行下坡必经这里，潼关城设在这里既可以有效地控制长洛大道，又可控制禁沟和通洛谷（潼水）南北通道，避免了汉潼关城不能控制南北的弊病，这也是隋迁潼关城的原因。隋潼关城地处禁沟和潼水河谷交汇之处，又处交通要道，所以城墙今已无存，隋城遗址内仅有烽火台一座，在隋城南侧中嘴坡塬头上清晰可见一高大烽火台。这个台居高临下，可能是隋潼关城军事要塞的讯号台。从考察可见，隋潼关城设在这里是确信无疑的。

3. 唐、宋、元、明、清潼关城

潼关城到唐代有过一次迁移，这次迁移是在唐武则天"天授二年（691年)，移向北近河为路"。即到了武则天天授二年，黄河南岸与塬之间可以东西通行，长洛大道沿河边行进更为方便，所以不再绕道塬上。为了控制大道，将潼关城北移到黄河岸边。这次迁移的关城虽已无踪迹可考，但据《元和郡县志》记载："关西一里有潼水。"也就是说，唐潼关城的西门距潼水一里，北墙紧挨黄河岸边，南墙应在南塬半坡，东门应是原望沟口东侧的黄巷坡内的金陡关。这样，唐潼关城既可控制东西大道，又可控制绕道原上的古道。唐潼关城设立后，隋城的防卫作用仍然存在，唐末黄巢义军进攻潼关时，唐军忘守禁沟，义军踏破禁沟，进而攻破唐潼关城，就是证明。

宋、元、明、清时期的潼关城，其位置没有多大的变化，都是在唐潼关城的基础上维修、拓展、加固。残留在今天港口的城廓是明代所修，该城的西门紧靠黄河，北墙立于黄河岸边，东门接近原望沟口，南墙蜿蜒于南塬半腰，潼水穿城而过注入黄河。这个关城既可控制长洛大道，又可控制南北通道。比汉城和隋城更为科学适用。

（二）古战场中的潼关

潼关地处今陕、晋、豫三省交界，俗

谓之"鸡叫听三省"。今名"港口",古为"桃林塞"。因春秋战国时期,今河南灵宝县以西,陕西潼关县港口以东,皆为桃林,故有此名。

潼关,既是扼关中平原的咽喉之地,又是入主中原的最后一处要塞。素有"畿内首险""四镇咽喉""百二重关"之誉。虽建关最晚,但乃四关之首。自东汉末以迄明清,每当天下纷扰攘夺之际,凡占据关中者,必坚守潼关;欲西取关中者,必先克潼关。这里几乎是一个命中注定的天然战场,在其周围发生的重大战事,有史可稽者达四十余次。

1. 第一场著名战役

西北其中一支军队马腾军,本来拥兵自重,所以曹操在南下之前,便以汉室之名召马腾到京都为官,令其子马超不敢妄动。208年曹操于赤壁大败,幸而能守住合肥,不被孙权攻下,加上孙权与刘备结成联盟,所以曹操加强南方的防备,转向西部拓展势力。

211年,曹操派钟繇出兵讨伐汉中的张鲁,另派夏侯渊等率兵至河东与钟繇军会合。高柔曾劝谏曹操:"大兵西出,韩遂、马超疑为袭己,必相扇动。宜先招集三辅,三辅苟平,汉中可传檄而定也。"曹操不听,继续发兵。

关中各将果然产生怀疑,马超、韩遂、侯选、程银、杨秋、李堪、张横、梁兴、成宜、马玩等十数部军队起兵反抗,集结了十万羌、胡、汉人混杂的军队,屯于潼关,准备进攻,弘农、冯翊多个县邑起兵响应,百姓都从子午谷逃入汉中。曹操便派各将领前往抵挡,敕令他们:"关西兵精悍,坚壁勿与战。"

七月,受形势所迫,曹操只得亲自率军进击马超等,留曹丕守邺城。(通过多次交战)许多人都认为:"关西兵强,习长矛,非精选前锋,则不可以当也。"曹操却认为:"战在我,非在贼也。贼虽习长矛,将使不得以刺,诸君但观之。"曹操灵活地运用了战略,避免了野战,而采取坚壁不出的策略。

八月,曹操抵达潼关坐镇,与马超等互相对峙。

每当关西联军一部一部到来,曹操总是十分高兴。各将领不明原因,问他何以如此高兴。战胜对手后,曹操终于说出了理由:"关中长远,若贼各依险阻,征之,不一二年不可定也。今皆来集,其众虽多,莫相归服,军无适主,

中国古代著名关卡

一举可灭，为功差易，吾是以喜。"

曹操装出要与关西联军大战的军势，另一方面又听从徐晃等人的献计，派徐晃、朱灵率四千步骑北上渡河，再到浦阪津过河，在河西设营。

马超察觉到了曹军的动向，便与韩遂商量："敌人向北渡河，肯定是想绕到我们后面去形成合围之势，我们可以派人在渭水北面沿黄河把守，这样不出二十天，黄河东面的曹军就会粮草用尽，那么黄河东面的曹军就不战自溃了。"但是韩遂不同意马超的策略，却说："兵法云半渡而击之。"于是，马超的策略没有得到实施，朱灵等顺利地从浦阪津过河，对联军形成合围之势，联军不得以提出割地求和。

后来曹操听说了马超的策略后，感慨地说："马超如果不死掉，我就没有葬身之地了！"

闰八月，曹操亲自由潼关北渡黄河。先将大军移至北岸，只有曹操和许褚等虎士百余人留在南岸负责断后。

马超不期而至，率万余人袭击，乱箭齐发，矢下如雨。但曹操仍然在胡床上不动，许褚见势危，立刻扶曹操上船，船夫却被流矢射杀，许褚左手举着马鞍作盾，为曹操挡箭，右手则拼命撑船。驶了四五里，马超军仍不断追赶、射箭，大军都不知曹操安危，十分担心。这时渭南县令丁斐命人放走牛马，用以作饵引敌人，关西联军果然放弃追剿，赶紧追捕牛马，曹操最后才成功渡河。各人见曹操平安无事，悲喜交集，但曹操却大笑："今日几为小贼所困乎！"便与徐晃军会合，沿河的道路向南行。联军至渭口防守，曹操便设置多队疑兵，派另一部队乘船渡过渭水，架起浮桥，于夜中在渭南结营。马超等率兵攻打，被曹军伏兵击破。马超等屯兵日久，派使到曹操处要求以割让河西为和约，但曹操不答应。九月，曹操渡过渭水，进驻渭南的营地，马超等曾数次前往挑战他，曹操又不答应，只守不攻。当时，曹操曾与韩遂、马超单马会面，曹操只带着许褚前往。马超凭着自己武艺高强，想暗地里突击去活捉曹操。不过马超听过许褚的勇武，加上知道了在渭水中勇救曹操的人便是许褚后，担心计划不能成功反

而危险很大，这时许褚眼睛瞪着马超，显然已经发现了马超的意图，于是马超便放弃了突击的计划。转问曹操，听说你军中有个叫"虎侯"的，人在哪里？曹操指着许褚，马超印证了自己的想法。事后，曹操夸奖许褚说："没想到贼也知道有个虎侯呀！"

渡过河后，曹操营寨多次被擅长野战的西部联军冲破，苦于没有办法的时候，有人提醒曹操，此时天寒，可以担沙泼水筑城，曹操听从了建议，果然一夜间筑成了冰城。第二天联军到了以后，非常吃惊，以为有神灵在帮助曹操。

关西联军后路被劫，只好割地、送人质求和。谋士贾诩认为可以假装答应他们，曹操问他有何计策，贾诩说："离之而已。"曹操明白他的意思，便应许联军的请求。

韩遂作为代表与曹操相见。曹操与韩遂父亲在同一年被推荐为孝廉，又与韩遂是同辈，曾有交情。当二人会面时，在马上不谈军事，只说当年在京都的旧事，拍手欢笑。曹军又列出五千铁骑作十重阵，联军为之惊叹，纷纷前来看曹操是什么人，曹操笑着对他们说："尔欲观曹公邪！亦犹人也，非有四目两口，但多智耳！"

会面结束，马超等问韩遂："公何言！"韩遂却回答："无所言也。"马超等对韩遂的态度十分怀疑，担心他与曹操私下联系。过了几天，曹操给韩遂书信，信中却在多处言词涂涂抹抹，改来改去，就像是韩遂改动一样；马超等疑心愈来愈大，曹操便趁此时与联军约定决战。曹操先以轻兵前往挑起联军的争端，使联军混战了很久，曹操最后便出动王牌虎豹骑夹击联军，联军大败，曹军斩杀了成宜、李堪等人。韩遂、马超便败走凉州，杨秋则前往安定。潼关之战自此结束。

2. 李渊父子进取长安之战略

隋末大业十三年（617 年）七月初，太原留守李渊父子举旗反隋，争夺天下。其时，隋炀帝远幸江都（今江苏扬州），长安无重兵，关中"群盗"蜂起；东都洛阳地区有隋将王世充与李密之瓦岗义军，双方相持不下。

李渊大军发太原，沿汾水西南行，克西河郡（今山西汾阳）、临汾郡（今临汾市）、绛郡（今新绛），入河东郡（今永济西南）。隋大将军屈突通率精兵数万婴城而守。李渊命王长谐等率六千人先行西渡，据冯翊郡（今陕西大荔）之韩城、朝邑等县，招降纳叛，以壮声势；自率大军南下围攻河东郡城，以示兵威。

九月上旬，冯翊郡和华阴县、蒲津关城的隋官相继归降。李渊遂率大军以次西渡，舍于朝邑长春宫（今陕西大荔朝邑镇北），命长子建成率刘文静以下诸军数万人南渡渭河，屯守永丰仓城（今陕西潼关港口镇西），进取潼关，以备东方；命次子世民率刘弘基等以下数万人，西向略定渭北，包抄京城长安。

屈突通闻李渊大军西进，即留部将尧君素守城，自引兵数万自风陵津渡河，欲援救长安，但被屯守永丰仓城的刘文静所阻遏。时隋将刘纲守潼关南城，已被王长谐率军袭破。屈突通乃退而据潼关北城，与王长谐和刘文静对峙于河、渭之交的水滨原麓。

十一月上旬，李渊大军攻占长安。屈突通知大势已去，留部将桑显和守潼关北城，自己领兵东趋洛阳。既行，桑显和归降李渊；刘文静等以精骑追屈突通至稠桑（今河南灵宝西北），迫其投降，并向东略地，尽取新安（河南今县）以西。

此役经太原起兵、渡河作战、克取长安三个阶段，历时近半年。按李渊父子起兵时仅有三万之众，以此军力而欲取长安和关中，必须速战决胜。是故李渊对河东郡城围而不攻，分兵先行渡河遮断蒲津桥；进而抢占永丰仓城和潼关南城，遂使屈突通的数万精兵因河山之阻，地形险促而难逞其武。可见，整个战役进程正是按照李渊的既定战略——"我得入关，据蒲津而屯永丰，阻崤函而临伊、洛，吾大事济矣"——逐步实施的。

3. 哥舒翰失潼关

755 年，安禄山起兵反唐，势如破竹，中原大地尽陷其手。曾经名震西域的范阳、平卢节度使封常清和右金吾大将军高仙芝见其兵锋锐利，毅然放弃其他地方，集中兵力驻守潼关，扼制了叛军的进攻势头。但唐玄宗曲解其意，听信谗言，竟派人杀了这两员名将，又遣河西、陇右节度使哥舒翰统兵驻守潼关。大将哥舒翰坐镇

潼关，守军号称二十万。唐军凭险，利在坚守。时郭子仪、李光弼率军自河东进入河北，连获大捷，遂联名上奏，欲乘胜北捣叛军巢穴范阳（今北京西南），并请潼关大军不可轻出。然而，唐玄宗求胜心切；宰相杨国忠更惧怕哥舒翰兵权在握，加害于己，遂蛊惑君上，连下诏令，逼迫哥舒翰引兵出关，收复陕郡（今河南三门峡市西）和洛阳。使者相望于道，哥舒翰难违君命，于六月四日抚膺恸哭，开关出战。七日，两军相遇于灵宝西原。唐军十五万进入七十里隘道，南迫崤山，北阻大河，无法展开兵力。而叛军据险以待，乘高下木石，又借东风纵火，再以精骑掩击唐军后队。唐军首尾骇乱，惨遭败绩。士卒逃回潼关者仅八千余人。哥舒翰更为部下蕃将挟持，东投叛军。此战唐军远离关城，致使天险地利失去军事意义，乃是人谋之不臧，属于战略决策性失误。它不仅使叛军轻取潼关天险，更导致平叛战局急转直下：玄宗仓皇离京西逃，入蜀避乱，叛军长驱占领长安，凶焰炽盛；在河北战场连战连捷的郭子仪和李光弼，只得西撤河东，暂守太原；河北、河南各地的唐军浴血奋战，而救援不至，城池接连失守，战事呈旷日迁延之势。

4.郭子仪克河东、攻潼关之战

河东郡（蒲州，今山西永济西南）当山川要会，控据关河，其南阻黄河，与潼关相望；北连汾晋，通往太原；西过蒲津桥，便可进入关中。自古争雄于关中者，莫不以河东为嚏喉。唐肃宗至德二载（757年）二月，大将郭子仪以河东居两京之间，扼赋冲要，乃率朔方军主力自（今河套地区）丰、胜州南下，取道洛交（今陕西富县）、同州（今陕西大荔）趣河东，袭据其城。是月下旬，郭子仪又派军渡河，袭取潼关和永丰仓，暂时切断了长安叛军与洛阳的联系。盘据长安的叛军大将安守忠和东都洛阳的叛军头子安庆绪闻报，急忙派兵前来争夺，两军遂于潼关展开激战。结果唐军失利，退回河东。三月下旬，安守忠又率二万骑兵，自长安前来争夺河东。郭子仪指挥唐军击退叛军，稳住了河东局势。

此战唐军攻潼关，得而复失，主要是遭受叛军东西两面攻击，兵力不敌。而叛军拼力争夺潼关及河东者，正显示出潼关军事地理价值之重要。

5. 黄巢义军打破潼关之战

唐广明元年（880年）十一月，在黄巢农民起义中，黄巢率领北伐义军在潼关对唐左、右神策军的作战。潼关北临黄河，南倚悬崖，自古号称天险。它是关中的屏障，长安的门户，失与守直接关系唐王朝的生死存亡。十一月中旬，黄巢率领北伐起义军攻取东都洛阳后，马不停蹄，旋即攻取陕州（今河南陕县）、虢州（今河南灵宝），向戍守潼关的唐军发出檄文，要其不要抗拒义军，不日西进攻打潼关。当时，汝、郑把截制置使齐克让率军万人，屡经战斗，刚从汝州（今河南临汝）溃散而来，扎营关外，人困马乏，冻馁交逼，各思乡间，无心把守潼关。齐克让急忙奏请唐僖宗李儇速派援兵，急运资粮。唐僖宗下令挑选左、右神策军出征，任命左军马军将军张承范为兵马先锋使兼把截潼关制置使，右军步兵将军王师会为制置关塞粮料使，左军兵马使赵珂为句当寨栅使。并亲自检阅这支部队。神策军待遇优于其他官军，都是长安官宦富豪子弟，贿赂宦官而入伍，未曾上过战阵，如今闻听出征，父子聚泣，多以金钱顾人代行，平日并不操练。因此，出征之日，张承范向皇帝进言说，黄巢拥数十万之众，鼓行而西，齐克让以饥卒万人依托关外，复遣臣以两千余人屯于关上，又未闻为馈饷之计，以此抗拒黄巢军，自己是很寒心的，愿陛下速调诸道精兵早为继援。张承范率军至华州（今陕西华县），华州刺史已调走，军民逃入华山，州里官仓尘埃、鼠迹遍地，官军取残存之米作三日粮。十二月初一，张承范部到达潼关时，老百姓早已躲藏起来，他命令官军到茂草中搜捕村民，搜得一百余人，强迫运石汲水，为守御之备。这时，张承范部与齐克让部尽皆断粮，士卒没有斗志。当天，黄巢前锋军也抵潼关，白旗满野，望不见边际。齐克让派兵出战，义军稍退却，俄而黄巢来到，举军欢呼，声振黄河、华山。齐克让率军力战，自晌午直到天黑，士卒饥饿已急，遂喧噪烧营溃散，齐克让逃回关里。潼关左边有一山谷，平日查防商贩逃税，禁止通行，叫做"禁阬"。谷里灌木寿藤茂密如织，溃散官兵沿谷奔逃，一夜踏出一条坦途。张承范尽散其财物等给士卒，遣使上表告急。十二月初二，义军急攻潼关，张承范促军悉力抗拒，关上箭尽，投石而击。关外有天堑，千余百姓帮助

潼

关

义军掘土填平。入夜，义军攻关不止，纵火烧尽关楼，张承范分兵八百人，使王师会守禁阬。当王师会率兵赶到时，义军大将尚让和林言早已领兵占领禁阬，并且从禁阬分兵绕到关后，前后夹攻，官军溃散，王师会自杀，张承范换上士兵服率残兵逃走。黄巢义军于初三天明时占领潼关。义军攻破潼关重镇，为黄巢进军长安创造了良好条件。潼关失陷后，长安一片混乱。唐兵败冻馁狼狈逃窜，遇见新参战的士兵衣裳温暖鲜艳，愤怒不平，遂抢其衣裳，自相残杀，并为黄巢军引路，直捣长安城。

黄巢深知此战的重要，故集中绝对优势兵力，并在关键时刻亲临前线，指挥作战，鼓舞士气，并在百姓支援下，前后夹击，一举攻击天险潼关。

1370 年，明将冯异宗攻占潼关，已经登基的朱元璋认为，潼关是三秦门户，扼而守之，残敌当如穴中之鼠。

当然，这里也肯定见证过"一骑红尘妃子笑，无人知是荔枝来"那急如星火的快马唐差，不知多少次地从潼关城进进出出。

（三）潼关墓志铭

墓志铭是对墓主一生的盖棺定论，从中可体现出古人的人生价值观念。从潼关的墓志铭中我们可以窥探古人的传统人生观。

1. 孝友与"妇道"

中国古代十分看重孝父母、友兄弟之类的孝友之道，因此在墓志铭中每每都有提及。明代《盛凤墅墓专铭并盖》中说："撮公生平懿行，父病濒危，呈天祈代。承欢继母，人无闻言。"又明《李母范氏墓专铭并盖》中说："恭人姓范，命阳县乡官晋岳阳令范肖冈公女，范肖冈公授以《孝经》《列女传》《论语》，能通大义。事父责冈公、母刘孺人，外内三以孝称。既而事继母李孺人，外内仍称之无间。"这些墓志铭，都是首先叙称墓主的孝行。在封建社会，家庭是组成社会的重要细胞，家安国安。所以，作为封建社会最高统治思想的儒教，极力宣扬孝道。孔子《论语》"为政篇"说："孟懿子问孝，子曰：'无违。'"

他的后学所作《孝经》，宣扬以孝为重的宗法人伦思想，汉代到为七经之一。孝，在封建时代，起到了维护社会秩序的重要作用。孝，作为人的道德规范，有其特殊的价值。一个人在青壮年时期生育孩子，投入极大的精力与资财，是应该受到子女孝敬的，尤其病患和老年人失去生活能力的时候，更应得到子女的孝敬与赡养，以使其老有所终。封建社会，儒教思想是未立法之法，不孝即是大逆不道，受家庭和社会的指责。孝悌之道，一般和持家、治家紧密相连。从《潼关碑石》中的墓志铭看，男子之人生价值体现在立业与仕宦、安民与济贫方面；而妇女之人生价值则仅局限于孝悌与持家、治家之中。这些墓专铭将作为墓主的恭人、孺人的孝悌之道大加称颂。《郭采亭元配郝太君合葬墓志铭并盖》曰："孺人禀性淑温，幼娴母训，于归时姑年老，举动甚艰。孺人力持左右，不避床褥之污；日奉廿旨，不惮操作之劳。及公晚得腿疾，不能行动者数载。此时人口渐盛，家计日烦，孺人竭虑经营，严训诸孙，兼扶诸曾孙，勤劳数十年，初无懈容，更难者和妯娌、睦宗族、勤绩纺乐输施，生平持已热闹物有丈夫气。"郝太君这样的作为是值得赞扬的，也成为后人的榜样。"妇道"是封建社会约束妇女道德规范的产物，有它历史的局限性，包含有严重的男尊女卑等封建色彩。

2. 立业、仁仕宦与德行

立业与仕宦，在古代是男人的专利。统观《潼关碑石》中的墓志铭，其墓主几乎都为有一官半职、或举化不成以治家、或经商致富者，其女墓主亦皆恭人、孺人之类，大多为仕宦有成者。以下着重对这部分墓志铭所反映出的传统人生观念予以剖析。

中国古代，人们追求的是通过读书进入仕途，求得一官半职，然后再平步青云，获得荣华富贵，封妻荫子、满门荣耀，认为这是最有价值的事业。当然，官有清官、赃官、奸臣、忠臣，故史书即以名宦传、良吏传、奸臣传分别记载。多属官方行为，其对人生价值的评价，反映了封建统治阶级的政治、社会、道德标准。墓志铭的刻立，一般属于民间行为，但因撰写者大都属于有官位的人，即使无官位也是属于受封建统治思想影响颇深的文人学士，他们对墓主人生价值的评价，也脱

潼

关

离不开封建传统观念的藩篱，但它和史传不同，由于大部分刻立于民间，与人民群众直接见面，故而较多地反映了较为普遍的价值观，其墓主都是为国家、为民族、为乡里作过贡献的人。从《潼关碑石》中的墓志铭，即可得以印证。葛大纪以苦学举进士入仕作官，一生作了许多于国计民生有益的事，且"历官所至，务实政，不粉泽求人知"，可见他的人生价值观不是以官位权势欺压百姓，而总是"奋然欲有为"。撰者亦选择其于国计民生有价值的事写进墓志予以颂扬。《潼关碑石》中的许多墓志铭之墓主出仕作官，均以国家民众的利益为重。北周大将军准、鲁、复三州刺史临上忠壮公杨使君，"任居方牧，时逢交争，徇义记家，捐躯民境"（《杨使君後夫人萧氏墓志铭并盖》）；明故河南归德府鹿邑县知县盛凤墅，"疾大行，心意整暇，言无颠倒。与家人决，语不及私。乡里慕说之"（《盛凤墅墓志铭并盖》）；明特赠中宪大夫河南按察司副使盛免南，"在官捐俸，且发家杰，以济军需"（《盛免南暨赵氏合葬墓志铭并盖》）；充分体现了他们为国为民，公而忘私的高尚人生价值观念。《潼关碑石》中的墓志铭和其他地方历代墓志一样，都颇重墓主的人品、德行，这里传统人生价值观的重要体现。我们前面提到的明代曾任知县的盛凤墅在作官之前就告试自己"苟贵达，毋败德"。他以贤良文学拜鹿邑令后，"莅任二年，邑以大治"。然而，他有"不为五斗米折腰"的气节，宁可放弃官禄不要，也不愿"败德"而媚上求荣。又月清故岁进士候铨县丞徐献章墓志铭曰："公素性质直，言行不苟，乐亲君子。与人相交不矫矫立异，亦不翕翕为同。教训子孙静以读书，正以修身，不使或纳于邪，予尝仰慕文正公之为人，诵其先忧后乐之言，每叹有文正斯有忠宣，今观于公，若合符焉。"当然，徐献章未能达到范促淹所说的"先天下之忧而忧，后天下之乐而乐"的高度，可所表现出的气节、德行、却是与其合折、合调的。

　　3. 爱民与济贫

　　安民、抚民、爱民、为民，这些都是传统价值观念中的"民本"思想，在《潼关碑石》中许多墓志铭里都有反映。做官为民，人民感戴之德。又有安民、抚民者，如《葛大纪墓志铭》中的葛大纪，明嘉靖丁未（1547 年），迁灵寿令，县人"艰食流移，野有莩饥者思为盗。乃多方施振，且出公俸，煮粥食之，活者众，民以安集"。渐渐昨以"承足家资"。"泊去，民肖像祠焉"。为后人留下了深刻的印象。古时候一些富有的贤达之士很注意用周济贫民，表现他们的官德，以图流芳于世。《潼关碑石》中的墓志中有很多这样的例证。唐和明的墓志言及于此，一般述文较简，往往以"惠施济众"等一语带过，清代墓志铭一般则述较详。《孙瑞翁暨孺人张张氏合葬墓志铭》曰：辛未（康熙三十年，1691 年）"大饥，人相食，公迎已析居之胞兄荆生公全家养之，斯又敦于弟道而大愧常情者矣。至若年已以约，济人以惠，有出赀以助人娶，贷粟不责后偿，售田以赎人之妻卖子鬻者，远超乎寻常也。"《郑冠一墓志铭》曰："于亲戚朋友中，有婚葬之事能举者，公慷慨任之，解囊资助，以襄厥成，无吝色，亦无德容。有借贷不偿者，置之不言。有干犯乎已者，从不与佼。是以潼之人皆呼为忠厚长者也。至官长有善举，或散赈粟米，或修造庙宇以及经理书院等事，公董之，视公事如已事焉。"这些富有之家能在贫困的亲友乡里最困难的时候，舍己钱粮给以赈济救助，是难能可贵的。特别是在"近世人情，见利则趋，见害则避，生时相溺，没后相忘"的时风猖炽的时候，能够扶贫救危，更是使人产生敬重之心。当然，封建社会由于历史的局限，不可能解决人为什么活着、为谁话着的人生价值观问题。然而，我们不能割断历史，应该看到传统的人生价值观念中有许多进步的因素，有待探索研究并继承发扬的优秀遗产，诸如"孝友之道"，为国家建功产业、行仁义讲德行、爱民为民、先人后已，先公后私、"先生下之忧而忧，后天下之乐而乐"，济贫惠众、扶危救国等，无不有着闪光的人生价值!

（四）古老的地图籍

据古籍载，中国早在春秋战国时期，地籍图作为一个地图品种，就已应运而生。《周礼·地官司徒》载："大司徒之职，掌建邦之土地之图与其人民之数，以佐王安忧邦国。""小司徒之职，凡民讼以地比正之，地讼以图正之。"说明了

中国在公元前就已经有了国家土地图和作为调解土地纠纷的地籍图了。

古代地籍图虽历史悠久，但保存下来者廖廖无几。现藏于西安碑林的《潼关图》就是内容完善、幅面较大、记载详尽的灾后地籍图，这在国内并不多见。在《潼关图》的右上方，详细说明了黄河泛滥时间及水淹灾情以及为避免日后引起土地争议而著册立碑记载的情况："道光二十二年六月二十九日，黄河西浸，崩塌我村堡寨、村庄共九处；水田、井园、旱地、沙滩地亩共五百余顷。不数年间，胥移河东，欲渡河耕种，岂知新滩阴湿过盛，萌芽难生。缓待数载，恐其与邻村地界混迷，随鸣钟集众，谪议将所伤之地亩、村庄形式，并各阡长阔数，日著册绘图刊石，以防异日之用耳，当此时也。"

文中对于当时人民流离失所、背井离乡的惨景，也作了记述："三社人民千有余户，地无锥土，居无枝木楼。使我村之人，四散逃外者不计其数；所留者不过三百户，暂居桃林寨，并公庄、吊桥等处；更有穷民借居庙宇者甚多，遮席藏身者亦不少矣。人皆举首蹙额，彼此相告曰：田亩全无大粮，尚存将何以求生？"

最后，该地民众便采取措施，制定章法，"拟定社规数备，开列于后，凡不遵者准被逐之，以作外人"。以上说明了刻石立碑的由来、经过和作用。

《潼关图》的刻石年代为清朝道光二十四年二月二十五日（1844年）。首事人为王殿魁等，执笔是赵廷兵。这是一幅典型灾情之后绘制的地籍图，充分地反映了地籍专题特色。地界间距准确、长阔数字详尽、名称注记齐备、内容要素丰富、载负量大、范围广泛。此图是研究清代潼关附近地籍测量不可多得的资料。

（五）感叹潼关——张养浩

"峰峦如聚，波涛如怒，山河表里潼关路。望西都，意踟蹰。伤心秦汉经行处，宫阙万间都做了土。兴，百姓苦；亡，百姓苦。"这首《山波羊·潼关怀古》属于元代散曲中的小令，是元代众多散曲中的佼佼者，为张养浩应召赴陕西行台中丞任，路过潼关时所作。

张养浩（1270—1329 年），字希孟，号云庄，济南人。官历县尹、监察御史、礼部尚书。为官清廉刚正，直言敢谏。武宗时，疏论时政，当国者不能容，构罪罢之。复召用，又因上疏英宗"愿以崇俭虑远为法，以喜奢乐近为戒"。帝大怒，又罢之。因感宦海浮沉，仕途险恶，故辞官归里，屡召不赴。但由于他很关心民生疾苦，所以，"天历二年（1329 年），关中大旱，饥民相食，特拜陕西行台中丞。既闻命，即散其家之所有与乡里贫乏者，登车就道，遇饿者则赈之，死者则葬之。道经华山，祷雨于岳祠"。到官四月，忙于赈饥民，抑豪猾，定钞值，防吏弊，终因积劳成疾，病故任上。就在陕西赈灾时，张养浩用《山坡羊》曲调，写了九首怀古曲。在他传世的九首怀古曲中，最感人心者，当推《潼关怀古》这一首。《潼关怀古》不仅是张养浩小令中最富人民性的一首，而且也是元代现存三千八百多首小令中最富人民性的一首。

且看小令起句："峰峦如聚，波涛如怒，山河表里潼关路。"峥嵘突兀，意象开阔，突然而来，气势磅礴，笼罩全篇，可谓起调不凡。的确，小令一起调，就令人想象飞腾——看!那满头白发、满脸愁云的老诗人，正心急如焚，策马上任，在潼关道上翻山越岭。"山河表里渔关路"句中，山，华山；河，黄河；表里内外，这就点明潼关内有华山，外有黄河，因而通向潼关的道路背山面河，形势非常险要，因而山道崎岖路难行———一路上，严重的灾情，繁重的公务，沉重的心情，搅得他心绪不宁。啊! 那奔来眼底的华山，重峦迭嶂，聚集起来，正像他的重重心事啊! 那耳畔飘来的黄河涛声，正像灾民的怨怒声，声声催人! "一切景语皆情语"。尤其"聚""怒"二字，用得极为精妙，既生动地点染出了华山"峰峦"、黄河"波涛"的雄伟气势，又形象地突现出了潼关的险要形势，更妙的是烘托出了主人公在特定环境中的特定心境。

曲到此，由实渐入半实半虚，但意脉不断。老诗人匠心独运，将眼前景物与历史背景串连起来，为后面因景生情、吊古咏怀张本铺垫，他特把潼关形势的险要和封建统治阶级的罪恶结合起来写："望西都，意踌蹰。伤心秦汉经行处，宫阙万间都做了土。"语言庄雅，意蕴深沉，凭吊

古迹，感情沉郁。"咏古咏物，隐然只是咏怀，盖其中有我在也"。老诗人吊古，正是为了抒怀。他驻马潼关，放眼河山：啊！这雄踞山腰的潼关，下临黄河，扼秦、晋、豫三省之冲，有"艰难奋长戟，万古用一夫"之险，难怪成了历代兵家必争之地！此时此地，历史的风云一下涌至老诗人眼前——为

夺天下争潼关，帝王们发动了多少次战争！潼关大战获胜，帝王们才得定都西京长安——而今抬头望长安，诗人禁不住感慨万千"哀哉桃林战，百万化为鱼"，付出巨大牺牲的百姓，究竟得到了什么利益？想到这，老诗人不由得"意踌躇"心潮起伏，为民不平！"伤心秦汉"一句，蕴含着极为丰富而深邃的历史内容——可拿张养浩另一首小令《骊山怀古》作注脚："骊山四顾，阿房一炬，当时奢侈今何处？只见草萧疏，水萦纡。至今遗恨迷烟树，列国周齐秦汉楚。嬴，都变做了土；输，都变做了土。"老诗人沿途见到秦汉两朝遗留下来的历史遗迹——帝王"经行处"，慨古感今，悲愤感伤的情绪顿时充溢心间：当年这千万间宏伟壮丽的宫殿，都是千万百姓的血汗和白骨做成，而今却成了一片"可怜焦土"，老诗人在此浩叹百姓命运悲惨，意在痛斥帝王罪恶滔天。在元朝严酷的统治下，敢向"君权神授"挑战，实在大胆，实在勇敢！

"词起结最难，而结尤难于起"，曲亦然。唯此小令结句，如众流归海，辞尽意不尽。老诗人感受得深，概括得高，即他对历史悲剧的深切感受中，必然会得出这样一个具有高度概括力的历史结论"兴，百姓苦；亡，百姓苦！"看似寻常最奇崛，以情结尾，点明题旨，石破天惊，如雷贯耳，震撼人心！帝王们争天下，坐天下，失天下，百姓都遭殃，都受罪！一针见血，严于斧钺，的确语不惊人意骇人，具有强烈的"警世"和"醒世"作用。"卒章显其志"，乃全曲之灵魂，一扫《骊山怀古》中胜败"都变做了土"的历史虚无主义思想，代之以历朝兴亡"百姓苦"的进步历史观，使全曲思想升华，主题闪光，爆发出了雷霆万钧的悲剧力量，真是曲终奏雅，不同凡响！"至语，本只是常语，一经道出，便成独得。词得此意，则极炼如不炼，出色而本色"。

张养浩"唯歌生民病"，意在代民立言，为民请命。他在小令中吊古伤今，叹历朝之兴亡，"哀民生之多艰"，在于控诉最高统治者的罪行，在于表示对于

中国古代著名关卡

黑暗现实的愤慨，在于表示对于水深火热之中的人民的同情。张养浩忠诚于儒家的"民为贵、君为轻"的民本思想，而且在实践中把这一思想发挥到了令人惊异的高度。在救灾中，他能乐民之所乐，能忧民之所忧，为民办事，鞠躬尽瘁，死而后已。作为封建官僚的诗人，有如此热忱和精神，确实难能可贵。

（六）潼关吏

唐肃宗乾元元年（758年）六月，杜甫被贬华州（今陕西华县）司功参军。这年冬他告假赴洛阳、巩县探亲，至乾元二年（759年）春，适逢唐军在邺城（今河南安阳市）打了败仗，史思明叛军进逼洛阳，他便离洛阳回华州任所。当时，贼势充斥，上下震恐，唐军除了退保东都洛阳，还在潼关一带抢修防御工事，以阻止叛军的西进，确保京城长安的安全。杜甫路过潼关时，看到士兵们辛苦地修筑关塞的情形，回顾他一路目睹战争给人民造成的巨大灾难，经与督役的官吏接触，始发现其在大敌当前的情况下尚有侥险轻敌的思想。加之诗人对守关将领能否正确指挥、坚守作战，甚感忧虑，担心不久的将来再次一败涂地，给国家和人民造成更大损失。所以，他继《新安吏》之后，便又写了这篇《潼关吏》，告诫守关将士从思想上加倍注意，深刻认识守关的重要意义：士卒何草草，筑城潼关道。大城铁不如，小城万丈余。借问潼关吏："修关还备胡?"要我下马行，为我指山隅："连云列战格，飞鸟不能逾。胡来但自守，岂复忧西都!丈人视要处，窄狭容单车。艰难奋长戟，万古用一夫。""哀哉桃林战，百万化为鱼。请嘱防关将，慎勿学哥舒。"

这首诗的关键是在"备胡"二字，从首至尾告诫差吏和守关将领要认真对待形势，重视备胡。但言外在于规讽唐肃宗记取历史教训，慎重选用和信任守关将帅，不要再犯自已前在邺城前线不设统帅和其父当年就潼关前线听信杨国忠奸谋的错误。显然，诗的最后云"请嘱防关将"，实际是"告诉唐肃宗"，只不过是不便明言罢了。

全诗收束得十分有力，既是对腐朽的封建统治者的无情鞭挞，也是对守关将领的有力规劝，更是对筑关士卒深情鼓励，说出了当时人民的共同心声。

　　此诗的结穴在于"请嘱防关将，慎勿学哥舒"。诗人殷切希望防关将领能以哥舒翰之败引为前车之鉴，把国家和人民的利益放在首位，勿学哥舒翰一时的愚忠，轻率出战，以致惨败。从表面看，谴责的是哥舒翰。他战败降贼，固当受到谴责，但难道杜甫不知道杨国忠作祟和唐玄宗的昏庸无能才是溃败的根本原因吗？这里，他是在写诗，毕竟不是写历史。诗中谴责哥舒翰，就是谴责唐明皇；告诫防关将，也就是告诫唐朝廷。正告他们，在国家民族存亡之秋，在人民忍受最大痛苦之时，一定要认真对付敌人，再也不要争权夺利，勾心斗角，互相猜忌，致国家民族利益于不顾而疏忽大意，招致战争的失败。至此，诗人热爱祖国、关心民族命运和人民疾苦的情感，已溢于言表。王嗣奭认为哥舒翰只要在潼关之役中被执后以身殉职，则潼关之败就不为累的见解，也是不恰当的。这样，虽比他降贼要好得多，但作为主帅，潼关之败，"百万化为鱼"的责任，是永远不能推卸的，何况他又降了敌人！显然，诗人在这里感愤地说"慎勿学哥舒"，还是对的，也很有分寸，不愧为"诗圣"。

潼关

五、潼关的民间文化

（一）古战船

2005 年，因为发掘出我国目前规模最大、等级最高的隋代墓葬，潼关县高桥乡税村进入了人们的视野。其实在这个陕西最东边的村庄，还有一样传承了 1300 多年的"活文物"——古战船。如果说"睡"在地下的墓葬文物是古代美术研究的实物资料，那么，历史久远、至今仍活跃在群众文化生活中的古战船，就是独特的民间艺术文化瑰宝。

"鸡鸣闻三省，关门扼九州"的潼关，自 196 年曹操在此设立关城以来，因地势险要而素为兵家所争。方圆几百公里的土地上，到底发生了多少战事，人们已数不清。频繁的战争，在给潼关人带来无尽伤痛的同时，也孕育了独特的民间艺术——税村古战船。

潼关古战船和韩城行鼓都是渭南独特民俗表演活动。古战船起源于潼关古战场和黄河古渡的厮杀场面，反映了战士们的勇猛善战；古战船表现分为五个部分：一是流星、铁鞭开路、静场；二是竹马先行；三是古战船表演；四是舞狮舞龙；五是锣鼓助阵，渲染气氛。竹马、战船场以彩绘、剪纸、绢花装饰，有龙、虎头像认示两阵。竹马、战船表现了潼关水陆两站的配合形式，是黄河流域古代战争为民间艺术结晶，被誉为"中华一绝"。

高桥乡税村地处秦、晋、豫三省交界，距县城大概有十分钟车程。据陕西地名志记载，东汉末年，黄巾起义时，洛川一董姓人在古潼关列斜沟西官路税卡旁建村，因此得名税村。

站在村头的山坡上眺望，奔流不息的黄河就在不远处掉头急转。滚滚浪花带走了古往今来多少兴衰事？村子不大，有三百多户人家，分三个村民小组，农业人口一千三百五十人。巧合的是，古战船至今也有了一千三百五十多年的历史。老艺人董育林曾开玩笑说："如果一人能够代表古战船一年的历史，我们村的村民刚好没人闲着。"

82岁的董育林是税村最年长的古战船艺人，由于年老体衰，这位古战船第8代传人，已经多年没有参与战船的表演了。但是说起古战船的表演情景，他仍是眉飞色舞。据他说，古战船的前身是唐朝一位前辈用竹子扎成的船形，人们双手提起翩翩起舞，用以祈求风调雨顺、国泰民安，后人不断地赋予其很多表演元素。

现在的税村古战船多在阴历正月十五和二月二等重大民俗节日演出，时间一般在晚上，也有应邀演出的情形。战船出场时，烧香叫表，烟火弥漫，很是隆重。指挥者大锣一响，三眼枪鞭炮随即被点着，炮声、锣声齐鸣，而火把则把演出现场照得如同白昼，观众和求神还愿的人山人海，浓厚的民间世俗遗风就这样扑面而来。

税村古战船的表演活动通常由年轻力壮的年轻人来参与和组织。据说，组装古战船可不是一会就能完成的，每遇表演，表演者前一天就要忙活一晚上，再加上表演，有的人几天几夜都不合眼。但大家没人抱怨，相反，一有这样的活动，村上就热闹得很，像是过年。表演时，演出方阵进场前，先由"流星""铁鞭"清场，他们把这叫做"打场子"，接着武棍、竹马、舞龙、铁鞭、武术、火流星等轮番表演。最后，规模宏大的战船上场，而战旗、锣鼓在四周围列。

说起单个战船，更是有讲究。表演时，演员双手提船，真腿跑动，假腿按人物造型置于船上，船周距地面15—20厘米，绿蓝彩绸飘逸。如果在晚上，彩灯照耀，演员就像驾船漂于水中，又像神仙踩云于云端，神秘浪漫，令观众神情痴迷，大有"沙场秋点兵"的气势。

演员行船时，讲究船行平稳，不颠不摆，飘逸洒脱。高手表演时，船头还要放一碗水，飘行不洒半点，要求极为严格。就是这样的个体联合在一起，在固定锣鼓指挥下，演绎出"梅花阵""金龙阵"等阵型，甚至两军对垒、水上交战、乘胜追击等内容。

1. 渊源：李世民兵卒的匠心独创

税村古战船起源于唐朝贞观年间，距今已有1350多年的历史。当时，税村有一跟随唐太宗李世民征战的兵勇，名叫师全。作战勇敢的师全，在退伍回乡

潼关

后，根据唐太宗李世民征战的情形，用竹子扎成战船的模样，手提着起舞，并配上简单的器乐伴奏，祈祷上苍降福黎民。当地百姓看后，竞相模仿参与。

后来，还是税村的能工巧匠研究改造，用柿木弯子制作人物假肢装于船上，使表演情形更加逼真。但是这样的表演形式仍显单调，后人逐步为其配上了武棍、竹马、舞龙、舞狮、铁鞭、武术、火流星等东西，同时有锣鼓、铜器的配曲，这时的战船表演才有了恢弘的气势，演技也才达到较高水平。

据说，为了保密，战船的前几代艺人曾喝鸡血酒盟誓，演技诀窍只能口传，不做文字记录。一个不成文的规定是，古战船表演技艺"传男不传女，传贤不传孬"。

2. 珍贵遗产"中华一绝"

税村的"船"是有讲究的，它不同于其他"采莲船""双人唱""子母船"，它所装扮的多是古时水上征战的故事，即使不是水战，也离不开战争题材，所以才称之为"古战船"。税村古战船最擅长表现"征东""草船借箭""水淹七军"等历史典故，具有明显的历史故事情节。装扮时，有专人勾画脸谱，装饰船体，安装假肢、武器等道具，形象逼真。每一个环节都十分考究，表演者戴的官帽都是金属特制的，存放时，村上的女性家眷不能随便观看，更别说戴上"过把瘾"。再说装扮船体，专门的装扮者根据人物的不同扮有"立势"（称武势），扮有"坐势"（称文势），文武将帅有执令掌印的，有舞枪弄棒的，船、人浑然一体，栩栩如生。再配上专人的讲解，场面甚是壮观。

由于老艺人们的保守思想，古代古战船的演出从未有过记录。直到从20世纪50年代开始，村上的有心人开始记录：1954年，参加老潼关民间社火表演；1988年，被编入《中国民族民间舞蹈集成陕西卷》；1990年，参与

电影《庄稼汉》的录制，为其做背景表演；当年，为西安焰火节助兴，受到中央、陕西省等主要领导的肯定，马文瑞、侯宗宾、程安东、崔林涛及权威专家高度称赞其为"中华一绝"；1992年，作为特邀参加有关部门组织的大型文艺活动，被誉为"中华瑰宝、艺苑奇葩"。

现在的税村人把古战船都当做自家的宝，

男女老少皆是如此。抗日战争时期，日军轰炸潼关，村上就把表演古战船的道具全都藏在村边一个山沟附近的窑洞里，等到轰炸停止才拿了出来。村里的人认为，日子可以不过，但这个手艺必须传下去。

目前，在当地政府的扶持下，大量的挖掘保护工作让古战船的名气越来越大。但是，如前所述，这一艺术形式的传承办法是以师带徒，言传身教，不留文字记录，有严格的管理和保密制度。仅古战船表演的道具保管就分了三处：一处放头饰；一处放船体；一处放近年来形成的一些文字资料。

每一代艺人中只有几个核心人物掌握其奥秘，甚至连化妆油彩的配制，也是独成一体，从不外传。艺人们为防止泄密，每次表演结束，服装道具均上锁封蜡，并在锁眼里灌醋，下次使用时必须毁锁开箱。老艺人们这一系列保守封闭的思想，长期以来阻碍了古战船技艺的发扬光大，随着他们的相继过世，此宝贵遗产若再不挖掘保护，数年之后就有失传的可能。

所幸的是新一代艺人并不受老前辈迂腐思想的干扰，第十代传人董开战说过：一定要让这个东西，在我们手里走出中国、走向世界。

（二）踩高跷

高跷亦称"木棍上的秧歌"，五虎张"高跷"一般分为"文跷"和"武跷"两大类，均依照戏剧中的帝王将相和才子佳人。表演者手持各种道具，排成队列，在雄浑鼓乐的伴奏下，踩着铿锵有力的节奏，翩翩起舞，如下腰、劈叉、鹞子翻身、鲤鱼打挺、扑蝶、原地旋转 360 度以及叠罗汉等，精彩的表演、高难度的动作，常常博得观众的惊叹和称赞。

（三）背芯子

潼关南街芯子产生于古潼关南街辖区境内，同时也有邻近的少数人参加，

潼

关

以铁制骨架为各种装饰艺术的"芯"，承载一至数名小孩，加上动作表演，以高、险、奇、巧成为南街的一种特色艺术，深受广大群众及外国友人的喜欢。

芯子为手工及表演技艺，其铁芯要用熟铁再经过多次锻打，使其成为刚柔兼济的专用钢材，既能承载重物，又可以在一定程度上活动，让人有一种艺术的美感，可以表演古今的戏剧、民间传说及其他多方面的内容。

南街芯子的规模可大可小，可以在大型广场演出，也可以在舞台上演出；可以单独演出，也可以和锣鼓、秧歌等配合演出。同时有背芯子、抬芯子和车芯子之分，以便根据不同的场合安排不同的活动内容。